初心者のためのデザートクックブック

あなたの渇望を満たすための100のユニークで簡単に作れるレシピ

エミリー・リー

全著作権所有。

免責事項

この電子ブックに含まれる情報は、この電子ブックの著者が調査した戦略の包括的なコレクションとして機能することを目的としています。要約、戦略、ヒント、およびトリックは、著者による推奨事項にすぎず、この eBook を読んでも、結果が著者の結果を正確に反映しているとは限りません。電子ブックの作成者は、電子ブックの読者に最新かつ正確な情報を提供するためにあらゆる合理的な努力を払っています。著者およびその関係者は、発見される可能性のある意図的でないエラーまたは省略について責任を負いません。電子書籍の資料には、第三者による情報が含まれる場合があります。サードパーティの資料は、その所有者によって表明された意見で構成されています。そのため、eBook の作成者は、第三者の資料や意見に対して責任を負わないものとします。

eBook の著作権は © 2022 にあり、無断複写・転載を禁じます。この電子ブックの全体または一部を再配布、コピー、または派生物を作成することは違法です。このレポートのいかなる部分も、著者から明示および署名された書面による許可なしに、いかなる形式でも複製または再送信することはできません。

目次

目次		3
前書き		7
1.	イタリアンアーティチョークパイ	8
2.	スパゲッティ ミートボール パイ	11
3.	チョコレートパンナコッタ	14
4.	サラミ入りチーズガレット	16
5.	パンナコッタ	19
6.	キャラメルフラン	21
7。	カタロニアクリーム	23
8.	オレンジレモンスパニッシュクリーム	26
9.	酔ったメロン	28
10.	アーモンドシャーベット	30
11.	スペインのリンゴのトルテ	32
12.	キャラメルカスタード	35
13.	スペインのチーズケーキ	37
14.	スペインの揚げカスタード	40
15.	イタリアの焼き桃	43
16.	スパイシーなイタリアン プルーン プラム ケーキ	45
17.	スペインのナッツキャンディー	48
18.	ハニープリン	50
19.	スパニッシュオニオントルテ	53
20.	スペインパンスフレ	56
21.	フローズンハニーセミフレッド	58
22.	コリアンダー風味のアボカドライムシャーベット	61
23.	パンプキンパイチーズケーキ	63
24.	モカアイスクリーム	66
25.	チェリーとチョコレートのドーナツ	68
26.	ブラックベリープリン	71
27.	メープルシロップのかぼちゃパイ	73
28.	素朴なコテージパイ	75

29.	チョコレートアマレットフォンデュ	78
30.	ラズベリーのクーリを添えたフラン	80
31.	バーボンのフルーツボール	83
32.	ピーカンパイアイスクリーム	85
33.	シナモンチップブレッドプディング	88
34.	焼きキャラメルりんご	91
35.	パンプキンパイに感謝	94
36.	低脂肪パンプキントライフル	96
37.	カボチャダンプケーキ	99
38.	チアプリン	101
39.	りんごのおやつ	103
40。	バターナッツスカッシュムース	105
41.	サザンスイートポテトパイ	107
42.	サツマイモとコーヒーのブラウニー	110
43.	感謝祭のコーンスフレ	113
44.	クランベリーアイスクリーム	115
45.	くるみプチ	118
46.	感謝祭のキャロットスフレ	121
47.	パンプキンフラン	123
48.	カントリーコーンキャセロール	126
49.	クランベリーピーカンレリッシュ	128
50。	七面鳥とポテトのハッシュケーキ	130
51.	アップルクランチコブラー	133
52.	グーイー・アーミッシュ・キャラメル・パイ	136
53.	紅葉	139
54.	収穫フルーツコンポート	141
55.	感謝祭のクランベリーパイ	143
56.	スパークリングクランベリー	146
57.	レモンフィリングのトルテ	148
58.	チョコレートアマレットフォンデュ	151
59.	ラズベリーのクーリを添えたフラン	153
60。	チョコケーキ	156
61.	フラン・アルメンドラ	159

62.	スパイスストロベリー	162
63.	ブラックベリーフール	164
64.	ザバグリオーネ	166
65.	ラズベリーとクリーム	168
66.	バーボンのフルーツボール	170
67.	インド風マンゴー	172
68.	イタリアンチーズケーキ	173
69.	レモンフラフ	176
70.	アーモンドとココナッツのメレンゲ	178
71.	チョコチップクッキー	180
72.	エアフライヤーブラウニー	182
73.	ベリーチーズケーキ	185
74.	エアフライヤーでドーナツ	188
75.	バニラストロベリークリームケーキ	192
76.	ベリーコブラー	195
77.	チョコレートバントケーキ	197
78.	ジャイアントPBクッキー	200
79.	デザートベーグル	202
80.	ブレッドプディング	204
81.	ミニいちごとクリームパイ	206
82.	ブラジルの焼きパイナップル	208
83.	ココナッツをまぶしたシナモンバナナ	210
84.	グルテンフリーの簡単ココナッツパイ	213
85.	ピナコプン	215
86.	コーヒーバナナムース	217
87.	ピーチクルデザート	219
88.	フローズンオモンナッツヨーグルト	221
89.	5分間ファッジ	223
90.	アーモンドオートクラスト	225
91.	アップルファンタジーデザート	227
92.	アボカドアイス	229
93.	バナナクリームパイ	231

- 94。ベリーファル.. 233
- 95。ベリーティラミス... 235
- 96。バナナラムキャラメル.. 238
- 97。砂糖漬けシトラスピール... 241
- 98。カルダモンとココナッツのパンナコッタ................................ 243
- 99。チョコのクリームブリュレ.. 246
- 100。ミントチョコレートフォンデュ.. 248

結論.. 250

前書き

デザートはお食事を締めくくるコースです。コースは、菓子類などの甘い食べ物と、場合によってはデザートワインやリキュールなどの飲み物で構成されています。中央アフリカや西アフリカの大部分、中国の大部分など、世界の一部の地域では、食事を締めくくるデザート コースの伝統がありません。

デザートという用語は、ビスケット、ケーキ、クッキー、カスタード、ゼラチン、アイスクリーム、ペストリー、パイ、プリン、マカロン、甘いスープ、タルト、フルーツ サラダなど、多くの菓子に適用できます。果物は、自然に発生する甘さのため、デザートコースにもよく見られます．一部の文化では、デザートを作るために、より一般的に風味豊かな食品を甘くします。

1. イタリアンアーティチョークパイ

サービング: 8 サービング

成分

- 卵 3 個; 殴られた
- 1 3 オンスパッケージのチャイブ入りクリームチーズ。柔らかくなった
- ¾ 小さじ ガーリックパウダー
- コショウ小さじ ¼
- モッツァレラチーズ 1½ カップ、スキムミルクの一部。千切り
- リコッタチーズ 1 カップ
- マヨネーズ ½ カップ
- 1 14 オンス缶のアーティチョークのハート。排水した
- ½ 15 オンス缶 ひよこ豆、缶詰; すすぎと排水
- 1 2 1/4 オンスのオリーブをスライスできます。排水した
- 1 2 オンスのジャーピミエント。さいの目に切って水切りする
- パセリ大さじ 2; 切り取った
- 1 パイクラスト (9 インチ); 焼かない
- トマト小 2 個。スライスされた

方向:

a) 大きなミキシングボウルで卵、クリームチーズ、ガーリックパウダー、コショウを混ぜます. 1 カップのモッツァレラチーズ、リコッタチーズ、マヨネーズをミキシングボウルで混ぜ合わせます.

b) すべてがよく混ざるまでかき混ぜます。

c) アーティチョークのハート **2** 個を半分に切り、取っておきます。残りのハートはみじん切りにする。

d) 刻んだハート、ひよこ豆、オリーブ、ピミエント、パセリとチーズの混合物をトスします。ペストリーシェルに混合物を入れます。

e) **350** 度で **30** 分焼きます。残りのモッツァレラチーズとパルメザンチーズを上にふりかけます。

f) さらに **15** 分間、または固まるまで焼きます。

g) **10** 分間休ませます。

h) その上に、トマトのスライスと **4** 分の **1** のアーティチョークのハートを並べます。

i) 仕える

2. スパゲッティ ミートボール パイ

サービング: 4-6

材料：

- 1〜26 オンス。牛肉のミートボールの袋
- みじん切りピーマン 1/4 カップ
- 玉ねぎのみじん切り 1/2 カップ
- 1〜8 オンス。パッケージスパゲティ
- 卵 2 個、少し溶きほぐす
- すりおろしたパルメザンチーズ 1/2 カップ
- 細切りモッツァレラチーズ 1-1/4 カップ
- 26 オンス。ジャー分厚いスパゲッティソース

方向：

a) オーブンを華氏 375 度に予熱します。ピーマンと玉ねぎが柔らかくなるまで約 10 分間炒めます。脇に置きます。

b) スパゲッティを茹で、水気を切り、冷水ですすぎ、軽くたたいて乾かします。大きなミキシングボウルに入れます。

c) 卵とパルメザンチーズを加えて混ぜ合わせます。スプレーした 9 インチのパイ皿の底に混合物を押し込みます。3/4 カップの細切りモッツァレラチーズをのせます。冷凍ミートボールを電子レンジで 2 分間解凍します。

d) 各ミートボールを半分に切ります。チーズ混合物の上にミートボールの半分を重ねます。スパゲッティソースを調理したピーマンとタマネギと混ぜ合わせます。

e) ミートボール層の上にスプーン。ホイルでゆるく覆い、20分間焼きます。

f) オーブンから取り出し、1/2カップのモッツァレラチーズをスパゲッティソースの混合物の上に振りかけます．

g) 泡が立つまで、さらに10分間、ふたをせずに焼き続けます。くさびに切ってサーブします。

3. チョコレートパンナコッタ

5人前

材料:

- 生クリーム 500ml
- ゼラチン 10g
- ブラックチョコレート 70g
- ヨーグルト 大さじ 2
- 砂糖 大さじ 3
- 塩ひとつまみ

方向:

a) 少量のクリームにゼラチンを浸します。

b) 小鍋に残りの生クリームを入れる。砂糖とヨーグルトを時々かき混ぜながら沸騰させますが、沸騰させないでください。鍋を火から下ろします。

c) チョコレートとゼラチンが完全に溶けるまで混ぜます。

d) 型に生地を流し込み、2〜3時間冷やす。

e) パンナコッタを型から外すには、デザートを取り出す前に数秒間熱湯で流します。

f) お好みでデコレーションしてお召し上がりください!

4. サラミ入りチーズガレット

5人前

材料:

- バター 130g
- 小麦粉 300g
- 塩 小さじ 1
- 卵 1 個
- 牛乳 80ml
- 酢小さじ 1/2
- 充填：
- トマト 1 個
- ピーマン 1 個
- ズッキーニ
- サラミ
- モッツァレラ
- オリーブオイル 大さじ 1
- ハーブ（タイム、バジル、ほうれん草など）

方向:

a) バターを立方体にします。

b) ボウルまたはフライパンに油、小麦粉、塩を入れて混ぜ合わせ、ナイフで刻む。

c) 卵、酢、牛乳を入れます。

d) 生地をこね始めます。丸めてラップに包んだら冷蔵庫で **30** 分冷やす。

e) フィリングの材料をすべて切る。

f) ベーキングシート（モッツァレラチーズを除く）の上に広げた生地の大きな円の中央に詰め物を置きます。

g) オリーブオイルをまぶし、塩、こしょうで味をととのえる。

h) 次に、生地の端を慎重に持ち上げ、重なった部分に巻き付けて、軽く押し込みます。

i) オーブンを **200°C** に予熱し、**35** 分焼きます。焼き時間の **10** 分前にモッツァレラチーズを加え、焼き続けます。

j) すぐにサーブ！

5. パンナコッタ

サービング: 6

材料:

- 牛乳 1/3 カップ
- 無香料ゼラチン 1袋
- 生クリーム 2.5 カップ
- 砂糖 $\frac{1}{4}$ カップ
- スライスしたいちご 3/4 カップ
- ブラウンシュガー 大さじ 3
- ブランデー 大さじ 3

方向:

a) ゼラチンが完全に溶けるまで、牛乳とゼラチンを一緒にかき混ぜます。式から削除します。

b) 小鍋に生クリームと砂糖を入れて沸騰させる。

c) ゼラチン混合物を生クリームに加え、1分間泡立てます。

d) 混合物を5つのラメキンに分けます。

e) ラメキンの上にラップを置きます。その後、6時間冷やす。

f) ミキシングボウルで、イチゴ、ブラウンシュガー、ブランデーを混ぜます。少なくとも1時間冷やす。

g) パンナコッタの上に苺を乗せる。

6. キャラメルフラン

サービング: 4

材料:

- バニラエッセンス 大さじ 1
- 卵 4 個
- 牛乳 2 缶 (エバポ 1 缶、加糖練乳 1 缶)
- ホイップクリーム 2 カップ
- 砂糖 大さじ 8

方向:

a) オーブンを華氏 350 度に予熱します。

b) 焦げ付き防止のフライパンで、砂糖を中火で黄金色になるまで溶かします。

c) まだ熱いうちに、液化した砂糖をベーキングパンに注ぎます。

d) ミキシングディッシュで、卵を割って叩きます。コンデンスミルク、バニラエッセンス、クリーム、加糖ミルクをミキシングボウルで混ぜ合わせます。よく混ぜてください。

e) 溶かした砂糖をまぶした天板に生地を流し入れます。1 インチの熱湯を入れた大きな鍋に鍋を置きます。

f) 60 分間焼きます。

7．カタロニアクリーム

サービング：3

材料：

- 卵黄 4 個
- シナモン 1 本（スティック）
- レモン（皮）1 個
- コーンスターチ 大さじ 2
- 砂糖 1 カップ
- 牛乳 2 カップ
- フレッシュフルーツ（ベリーまたはイチジク）3 カップ

方向：

a) フライパンで、卵黄と砂糖の大部分を一緒に泡だて器で混ぜます。混合物が泡立ち滑らかになるまでブレンドします。

b) レモンの皮を添えたシナモンスティックを添えます。よく混ぜてください。

c) コーンスターチと牛乳を入れて混ぜます。弱火で、とろみがつくまでかき混ぜます。

d) 鍋をオーブンから取り出します。数分間冷まします。

e) 混合物をラムキンに入れ、取っておきます。

f) 冷蔵庫で最低 3 時間寝かせる。

g) サーブする準備ができたら、ラメキンの上に残りの砂糖をまぶします。

h) ラメキンをボイラーの一番下の棚に置きます。きつね色になるまで砂糖を溶かします。

i) 飾りとして、フルーツを添えて。

8. オレンジレモンスパニッシュクリーム

サービング：1 サービング

成分

- プレーンゼラチン 小さじ $4\frac{1}{2}$
- $\frac{1}{2}$ カップ オレンジジュース
- レモン汁 $\frac{1}{4}$ カップ
- 牛乳 2 カップ
- 卵 3 個
- $\frac{2}{3}$ カップ砂糖
- ひとつまみの塩
- すりおろしたオレンジの皮 大さじ 1

方向:

a) ゼラチン、オレンジジュース、レモンジュースを混ぜ合わせ、5 分間放置します。

b) 牛乳を火にかけ、卵黄、砂糖、塩、オレンジの皮を加えて泡立てます。

c) ダブルボイラーでスプーンの背にかかるまで煮る。

d) その後、ゼラチン混合物を追加します。涼しい。

e) 固くほぐした卵白を混合物に加えます。

f) 固まるまで冷蔵します。

9. 酔ったメロン

サービング：4 から 6 サービング

成分

- 料理用 3〜6 種類のスペイン産チーズのセレクション
- ポートワイン 1 本
- メロン 1 個、上部を取り除き、種を取り除いたもの

方向:

a) 夕食の 1〜3 日前にポートをメロンに注ぎます。

b) 冷蔵庫で冷やし、ラップで覆い、上部を元に戻します。

c) 冷蔵庫からメロンを取り出し、提供する準備ができたらラップとトップを取り外します．

d) メロンからポートを取り除き、ボウルに入れます。

e) メロンは皮をむいた後、一口大に切る。ピースを 4 つの別々の冷やした皿に入れます。

f) チーズと一緒におかずに添えます。

10.　　　アーモンドシャーベット

サービング：1 サービング

成分

- ブランチアーモンド 1 カップ；トーストした
- 湧き水 2 カップ
- $\frac{3}{4}$ カップ砂糖
- シナモン 1 つまみ
- ライトコーンシロップ 大さじ 6
- アマレット 大さじ 2
- レモンの皮 小さじ 1

方向：

a) フードプロセッサーで、アーモンドを粉末状に粉砕します。大きな鍋に、水、砂糖、コーンシロップ、リカー、ゼスト、シナモンを混ぜ合わせ、挽いたナッツを加えます。

b) 中火で、砂糖が溶けて混合物が沸騰するまで絶えずかき混ぜます。沸騰 2 分

c) アイスクリームメーカーを使用して、混合物が半凍結するまでかき混ぜます。

d) アイスクリームメーカーがない場合は、混合物をステンレス製のボウルに移し、2 時間ごとにかき混ぜながら固まるまで凍らせます．

11.　　　スペインのリンゴのトルテ

サービング: 8 サービング

成分

- バター 1/4 ポンド
- ½ カップ 砂糖
- 卵黄 1 個
- ふるった小麦粉 1½ カップ
- 塩 1 ダッシュ
- ベーキング パウダー 小さじ ⅛
- 牛乳 1 カップ
- ½ レモンの皮
- 卵黄 3 個
- 砂糖 ¼ カップ
- ¼ カップ 小麦粉
- バター 大さじ 1½
- 砂糖 ¼ カップ
- レモン汁 大さじ 1
- 小さじ ½ シナモン
- 皮をむいてスライスしたりんご 4 個
- アップル; アプリコット、またはお好みのゼリー

方向:

a) オーブンを 350°F に予熱します。砂糖とバターをミキシングボウルで混ぜます。ボールが形成されるまで、残りの成分を一緒に混ぜます。

b) バネ型やパイ型に生地をのばします。使用するまで冷蔵保存してください。

c) ボウルにレモン汁、シナモン、砂糖を入れて混ぜる。リンゴと一緒にトスし、トスしてコーティングします。これは事前にできることです。

d) レモンの皮を牛乳に加えます。牛乳を沸騰させ、弱火にして 10 分。その間に、厚手の鍋に卵黄と砂糖を入れて泡立てる。

e) 牛乳の準備ができたら、弱火で絶えず泡立てながら、卵黄の混合物にゆっくりと注ぎます。弱火で混ぜながら小麦粉を少しずつ混ぜます。

f) 混合物が滑らかでとろみがつくまで泡立て続けます。鍋を火から下ろします。バターが溶けるまでゆっくりかき混ぜます。

g) クラストをカスタードで満たします。1 層または 2 層にする場合は、りんごを上に置きます。完成後、トルテを 350°F のオーブンに約 1 時間入れます。

h) 取り出して冷ます。リンゴが十分に冷めたら、お好みのゼリーを温め、その上に霧雨を降らせます.

i) ゼリーを冷やすために取っておきます。仕える。

12.　　　キャラメルカスタード

サービング: 1 サービング

成分

- ½ カップグラニュー糖
- 小さじ 1 杯の水
- 卵黄 4 個または全卵 3 個
- 牛乳 2 カップ
- バニラエッセンス 小さじ ½

方向:

a) 大きなフライパンで、大さじ 6 杯の砂糖と 1 カップの水を混ぜます。砂糖が黄金色になるまで、木のスプーンで時々振ったり、かき混ぜたりしながら、弱火で加熱します。

b) キャラメルシロップを焼き皿にできるだけ早く注ぎます。硬くなるまで冷まします。

c) オーブンを華氏 325 度に予熱します。

d) 卵黄または全卵を一緒に泡立てます。牛乳、バニラエッセンス、残りの砂糖を完全に混ぜ合わせる。冷やしたキャラメルを上からかける。

e) グラタン皿を湯せんに入れます。1〜112 時間、または中心が固まるまで焼きます。クール、クール、クール。

f) サービングするには、注意してサービングプレートに反転させます.

13.　　　　スペインのチーズケーキ

サービング: 10人前

成分

- 1ポンドのクリームチーズ
- 砂糖 1$\frac{1}{2}$カップ; 粒状
- 卵 2個
- 小さじ $\frac{1}{2}$ シナモン; 接地
- 小さじ 1杯のレモンの皮; すりおろし
- 無漂白小麦粉 $\frac{1}{4}$ カップ
- 小さじ $\frac{1}{2}$ 塩
- 1×菓子の砂糖
- バター 大さじ 3

方向:

a) オーブンを華氏 400 度に予熱します。大きなミキシングボウルで、チーズ、大さじ 1 のバター、砂糖をクリーム状に混ぜます。スラッシングしないでください。

b) 卵を一度に 1 つずつ加え、加えるたびによく泡立てます。

c) シナモン、レモンの皮、薄力粉、塩を混ぜ合わせる。残りの大さじ 2 杯のバターをフライパンに塗り、指で均一に広げます。

d) 用意した型に生地を流し入れ、400 度で 12 分焼き、350 度に下げてさらに 25〜30 分焼きます。ナイフには残留物がないようにしてください。

e) ケーキが室温まで冷めたら、粉砂糖をまぶします。

14.　　スペインの揚げカスタード

サービング: 8 サービング

成分

- シナモンスティック 1 本
- 1 レモンのピール
- 牛乳 3 カップ
- 砂糖 1 カップ
- コーンスターチ 大さじ 2
- シナモン 小さじ 2
- 小麦粉; 浚渫用
- エッグウォッシュ
- オリーブオイル; 揚げ物用

方向:

a) シナモンスティック、レモンの皮、砂糖 34 カップ、牛乳 212 カップを鍋に入れ、中火にかけます。

b) 弱火にし、沸騰したら弱火にして 30 分煮る。レモンの皮とシナモンスティックを取り除きます。小さなミキシングボウルで残りの牛乳とコーンスターチを混ぜ合わせます。

c) よく泡立てる。ゆっくりと一定の流れで、コーンスターチの混合物を加熱した牛乳にかき混ぜます。沸騰したら弱火にし、時々かき混ぜながら 8 分間煮る。火から下ろし、バターを塗った 8 インチのグラタン皿に注ぎます。

d) 完全に冷ます。蓋をして、完全に冷めるまで冷やします。カスタードから 2 インチの三角形を作ります。

e) 残りの 1⁄4 カップの砂糖とシナモンをミキシングボウルで混ぜ合わせます．よく混ぜます。完全に覆われるまで小麦粉で三角形を浚渫します。

f) 各三角形を卵液に浸し、余分な滴を落とします。カスタードを小麦粉に戻し、完全にコーティングします。

g) 大きなソテーパンに油を中火で熱します。三角形を熱した油に入れ、3 分間、または両面が茶色になるまで揚げます。

h) 鶏肉をフライパンから取り出し、ペーパータオルで水気を切る。シナモンシュガーを混ぜ合わせ、塩こしょうで味をととのえる。

i) 同じ方法で残りの三角形を続けます。

15.　　　イタリアの焼き桃

サービング：1 サービング

成分

- 6 熟した桃
- 砂糖 1/3 カップ
- 1 カップ 挽いたアーモンド
- 卵黄 1 個
- アーモンドエッセンス 小さじ ½
- バター 大さじ 4
- ¼ カップ スライスアーモンド
- お好みで生クリーム

方向：

a) オーブンを華氏 350 度に予熱します。桃はすすぎ、半分にし、穴をあける必要があります。フードプロセッサーで、半分に切った桃 2 をピューレ状にします。

b) ミキシングディッシュで、ピューレ、砂糖、アーモンドパウダー、卵黄、アーモンドエキスを混ぜ合わせます。滑らかなペーストを作るには、ミキシング ボウルですべての材料を混ぜ合わせます。

c) 桃の半分にフィリングを注ぎ、バターを塗ったベーキングトレイに詰めた桃の半分を置きます。

d) スライスしたアーモンドを散らし、残りのバターを桃の上に塗り、45 分間焼きます。

e) ホットでもコールドでも、クリームやアイスクリームを添えてお召し上がりください。

16. スパイシーなイタリアンプルーンプラムケーキ

サービング：12 人前

成分

- 2 カップ ピットと四分の一のイタリアン
- まで調理したプルーンプラム
- 柔らかく冷やした
- 柔らかくした無塩バター 1 カップ
- グラニュー糖 1/4 カップ
- 卵 4 個
- ふるった小麦粉 3 カップ
- 無塩バター $\frac{1}{4}$ カップ
- 1/2 ポンドの粉砂糖
- 無糖ココア 大さじ $1\frac{1}{2}$
- 塩ひとつまみ
- シナモン小さじ 1
- クローブ 小さじ $\frac{1}{2}$
- ナツメグ 小さじ $\frac{1}{2}$
- 重曹 小さじ 2
- 牛乳 $\frac{1}{2}$ カップ
- 細かく刻んだくるみ 1 カップ
- 2〜3 杯のストロング、ホット

- コーヒー
- ¾ 小さじバニラ

方向:

a) オーブンを 350°F に予熱します。10 インチのブントパンにバターと小麦粉をまぶします。

b) 大きなミキシングボウルで、バターと砂糖をクリーム状にし、軽くふわふわになるまで混ぜます。

c) 卵を一つずつ入れます。

d) 小麦粉、スパイス、重曹をふるいにかけます。3 分の 1 に、牛乳と交互に、小麦粉の混合物をバターの混合物に加えます。材料を混ぜ合わせるために叩くだけです。

e) 調理済みのプルーンとクルミを加えて混ぜ合わせます。準備した型に入れ、350°F のオーブンで 1 時間、またはケーキが型の側面から縮み始めるまで焼きます。

f) フロスティングを作るには、バターと砂糖をクリーム状に混ぜます。砂糖とココアパウダーを徐々に加え、完全に混ざるまで絶えずかき混ぜます。塩で味付けします。

g) 一度に少量のコーヒーをかき混ぜます。

h) 軽くふんわりするまで泡立てたら、バニラを加えてケーキを飾ります。

17. スペインのナッツキャンディー

サービング: 1 サービング

成分

- 牛乳 1 カップ
- ライトブラウンシュガー 3 カップ
- バター 大さじ 1
- バニラエッセンス 小さじ 1
- 1 ポンドのクルミ肉; みじん切り

方向:

a) 牛乳をブラウンシュガーと一緒にカラメル状になるまで煮詰めたら、食べる直前にバターとバニラエッセンスを加えます。

b) 飴を火からおろす直前にくるみを入れます。

c) 大きなミキシング ボウルで、ナッツを完全に混ぜ合わせ、混合物を準備したマフィン型にスプーンで入れます。

d) 鋭利なナイフですぐに四角く切ります。

18. ハニープリン

サービング:6 サービング

成分

- 無塩バター $\frac{1}{4}$ カップ
- 牛乳 $1\frac{1}{2}$ カップ
- 2つの大きな卵;軽く殴られた
- ホワイトカントリーブレッド6切れ。引き裂かれた
- $\frac{1}{2}$ カップクリア;薄い蜂蜜、プラス
- 大さじ1薄い蜂蜜
- $\frac{1}{2}$ カップのお湯;プラス
- 熱湯 大さじ1
- 小さじ $\frac{1}{4}$ 挽いたシナモン
- 小さじ $\frac{1}{4}$ バニラ

方向:

a) オーブンを350度に予熱し、少量のバターを使って9インチのガラス製パイ皿にバターを塗ります。牛乳と卵を一緒に泡だて器で混ぜ、パン片を加え、回転させて均一にコーティングします。

b) パンを15〜20分間浸し、1〜2回裏返します。大きな焦げ付き防止のフライパンで、残りのバターを中火で加熱します。

c) 浸したパンをバターで片面約2〜3分、黄金色になるまで揚げます。パンをベーキングディッシュに移します。

d) ボウルに蜂蜜と熱湯を入れ、均一になるまでかき混ぜます。

e) シナモンとバニラを混ぜて、パンの上と周りにまぶします。

f) 約30分間、またはきつね色になるまで焼きます。

19.　　　スパニッシュオニオントルテ

サービング: 2 サービング

成分

- オリーブオイル 小さじ½
- スパニッシュオニオン 1リットル
- 水 ¼カップ
- 赤ワイン ¼カップ
- 乾燥ローズマリー 小さじ¼
- じゃがいも 250グラム
- 3/16カップ ナチュラルヨーグルト
- 薄力粉 大さじ½
- ½卵
- ¼カップのパルメザンチーズ
- 刻んだイタリアンパセリ 1/8カップ

方向:

a) スパニッシュオニオンを薄くスライスし、じゃがいもとパルメザンチーズをすりおろして準備します。

b) 厚手の鍋で、油を熱します。たまねぎがしんなりするまで、ときどきかき混ぜながら煮る。

c) 20分間、または液体が蒸発し、玉ねぎが暗赤褐色に変わるまで煮る.

d) ローズマリー、じゃがいも、小麦粉、ヨーグルト、卵、パルメザン チーズをミキシング ボウルで混ぜます。玉ねぎを入れます。

e) 油をたっぷり塗った **25cm** 角のオーブン皿に具材をまんべんなく広げます。オーブンを **200°C** に予熱し、**35 〜 40** 分、またはきつね色になるまで焼きます。

f) くさび形に切って提供する前に、パセリを飾ります。

20.　　スペインパンスフレ

サービング：1

成分

- 1箱のスペインの素早い玄米
- 卵 4 個
- 青唐辛子のみじん切り 4 オンス
- 水 1 カップ
- すりおろしたチーズ 1 カップ

方向:

a) 箱の内容物を調理するための包装の指示に従ってください。

b) ご飯が炊きあがったら、チーズ以外の残りの材料を泡だて器で混ぜます。

c) すりおろしたチーズをのせて、325°F で 30 〜 35 分間焼きます。

21.　　　　フローズンハニーセミフレッド

サービング:8人前

材料

- 8オンスの生クリーム
- 小さじ1杯のバニラエッセンス
- ローズウォーター 小さじ1/4
- 大きな卵4個
- 4 1/2オンスのハチミツ
- 小さじ1/4とコーシャーソルト小さじ1/8
- スライスしたフルーツ、トーストしたナッツ、カカオニブ、削ったチョコレートなどのトッピング

方向

a) オーブンを350°Fに予熱します。ラップまたは羊皮紙で9 x 5インチのローフパンを並べます.

b) セミフレッドの場合は、泡立て器が付いたスタンド ミキサーのボウルで、クリーム、バニラ、ローズ ウォーターを固くなるまで泡立てます。

c) 別のボウルまたはプレートに移し、蓋をして、使用するまで冷やします。

d) スタンドミキサーのボウルに卵、はちみつ、塩を入れて泡立てます。ブレンドするには、柔軟なスパチュラを使用してすべてをかき混ぜます。ボウルが水に触れないようにしながら、準備したウォーターバスの上でゆっくりと煮込むように火を調整します。

e) ステンレス製の洗面器で、約 **165°F** に温まるまで、約 **10** 分間、柔軟なスパチュラで定期的に調理し、渦を巻き、こすり落とします.

f) 混合物が **165°F** に達したら、泡立て器を取り付けたスタンドミキサーに混合物を移します。卵が泡立つまで泡立てます。

g) 用意したホイップクリームの半分を手でやさしく泡立てます。残りの材料を加え、素早く泡だて器で混ぜ、よく混ざるまで柔軟なヘラで混ぜます。

h) 準備したローフパンにこすり落とし、しっかりと覆い、**8** 時間またはスライスするのに十分な固さになるまで、または内部温度が **0°F** に達するまで凍結します.

i) セミフレッドを冷やした皿にひっくり返してサーブします。

22.　コリアンダー風味のアボカドライムシャーベット

4つにする
合計時間: **18** 分

材料

- アボカド **2** 個（種と皮を取り除く）
- **1/4** カップ エリスリトール、粉末
- 中程度のライム **2** 個、ジュースとゼスト
- ココナッツミルク **1** カップ
- 液体ステビア 小さじ **1/4**
- コリアンダー **1/4**〜**1/2** カップ、みじん切り

方向

a) 鍋でココナッツミルクを沸騰させます。ライムの皮を加える。

b) 混合物を冷ましてから凍らせます。

c) フードプロセッサーで、アボカド、コリアンダー、ライムジュースを混ぜます。混合物がどっしりとした食感になるまでパルスします。

d) アボカドの上にココナッツミルクの混合物と液体ステビアを注ぎます。適切な粘度に達するまで、混合物を一緒にパルスします。この作業には約 **2** 〜 **3** 分かかります。

e) 冷凍庫に戻して解凍するか、すぐにお召し上がりください。

23.　　　パンプキンパイチーズケーキ

1 にします

合計時間: 20 分

材料

地殻
- アーモンド粉 3/4 カップ
- 亜麻仁粉 1/2 カップ
- バター 1/4 カップ
- パンプキンパイスパイス 小さじ 1
- 液体ステビア 25 滴

フィリング
g) 6 オンス。ビーガンクリームチーズ
h) かぼちゃのピューレ 1/3 カップ
i) サワークリーム 大さじ 2
j) ビーガン生クリーム 1/4 カップ
k) バター 大さじ 3
l) パンプキンパイスパイス 小さじ 1/4
m) 液体ステビア 25 滴

方向

a) クラストの乾燥成分をすべて合わせ、よくかき混ぜます。

b) 生地が形成されるまで、バターと液体ステビアで乾燥成分を一緒につぶします.

c) ミニタルト型の場合は、生地を小さな球体に丸めます。

d) 生地がタルト型の側面に届くまで生地を押し付けます。

e) すべてのフィリングの材料をミキシング ボウルに入れます。

f) フィリングの材料をイマージョンブレンダーで混ぜ合わせます。

g) フィリングの材料が滑らかになったら、クラストに広げて冷やします。

h) 冷蔵庫から取り出してスライスし、お好みでホイップクリームをトッピングする。

24.　モカアイスクリーム

2つ作る
合計時間: **10** 分

材料

- ココナッツミルク **1** カップ
- ビーガン生クリーム **1/4** カップ
- エリスリトール 大さじ **2**
- 液体ステビア **20** 滴
- ココアパウダー 大さじ **2**
- インスタントコーヒー 大さじ **1**
- ミント

方向

a) すべての材料をブレンドし、アイスクリーム メーカーに移し、メーカーの指示に従って **15 ～ 20** 分間かき混ぜます。

b) アイスクリームが柔らかく凍ったら、すぐにミントの葉を添えます。

25.　　　チェリーとチョコレートのドーナツ

12になる

材料

乾燥成分

- アーモンド粉 3/4 カップ
- ゴールデンフラックスシードミール 1/4 カップ
- 小さじ 1 杯のベーキングパウダー
- ひとつまみの塩
- 10g バー ダーク チョコレート、さいの目に切ったもの

ウェット食材

- 卵大 2 個
- バニラエクストラクト 小さじ 1
- ココナッツオイル 大さじ 2 1/2
- ココナッツミルク 大さじ 3

方向

a) 大きなミキシング ボウルで、乾燥した材料 (ダーク チョコレートを除く) を混ぜ合わせます。

b) 湿った材料を混ぜ合わせてから、ダーク チョコレート チャンクを入れます。

c) ドーナツ メーカーを接続し、必要に応じて油をさします。

d) ドーナツメーカーに生地を流し入れ、蓋をして 4～5 分焼きます。

e) 火を弱火にして、さらに 2〜3 分間調理します。

f) 残りのバッターについても繰り返し、サーブします。

26.　　　ブラックベリープリン

1 にします

材料

- ココナッツ粉 1/4 カップ
- ベーキングパウダー 小さじ 1/4
- ココナッツオイル 大さじ 2
- ビーガンバター 大さじ 2
- ビーガン生クリーム 大さじ 2
- レモン汁 小さじ 2
- レモンの皮 1 個
- ブラックベリー 1/4 カップ
- エリスリトール 大さじ 2
- 液体ステビア 20 滴

方向

a) オーブンを華氏 350 度に予熱します。

b) 乾いた材料を湿った材料の上にふるいにかけ、完全に混ざるまで低速で混ぜます。

c) 生地を 2 つのラメキンに分けます。

d) ブラックベリーを生地の上に押し込み、生地に均等に分散させます。

e) 20〜25 分間焼きます。

f) たっぷりのホイップクリームをトッピング！

27.　　　　メープルシロップのかぼちゃパイ

8人分

材料

- ビーガンパイクラスト 1 個
- 1 (16 オンス) 缶詰のカボチャ
- 1 (12 オンス) パックの極硬絹ごし豆腐の水気を切り、軽くたたいて乾かします
- 砂糖 1 カップ
- 小さじ 2 杯の挽いたシナモン
- オールスパイス 小さじ 1/2
- 生姜 小さじ 1/2
- ナツメグ 小さじ 1/2

方向

a) かぼちゃと豆腐をフードプロセッサーにかけて滑らかにする。砂糖、メープルシロップ、シナモン、オールスパイス、ショウガ、ナツメグを滑らかになるまで加えます。

b) オーブンを華氏 400 度に予熱します。

c) クラストをフィリングで満たします。**350°F** で **15** 分間焼きます。

28.素朴なコテージパイ

4〜6人分

材料

- 皮をむいてさいの目に切ったユーコン ゴールド ポテト
- ビーガンマーガリン 大さじ 2
- 無糖無糖豆乳 1/4 カップ
- 塩と挽きたての黒胡椒
- オリーブオイル 大さじ 1
- 中くらいの黄色のタマネギ 1 個、細かく刻んだ
- にんじん（中）1 本、細かく刻む
- 細かく刻んだセロリのリブ 1 本
- 細かく刻んだ 12 オンスのセイタン
- 冷凍えんどう豆 1 カップ
- 冷凍コーン粒 1 カップ
- 乾燥セイボリー 小さじ 1
- 乾燥タイム 小さじ 1/2

方向

a) 沸騰した塩水を入れた鍋で、じゃがいもが柔らかくなるまで 15 〜 20 分煮ます。

b) よく水気を切り、鍋に戻します。マーガリン、豆乳、塩、こしょうで味を調える。

c) ポテトマッシャーで粗くつぶし、置いておきます。オーブンを 350°F に予熱します。

d) 大きなフライパンで、油を中火で熱します。玉ねぎ、にんじん、セロリを加えます。

e) ふたをして、柔らかくなるまで約 10 分間調理します。野菜を 9 x 13 インチの天板に移します。セイタン、マッシュルームソース、エンドウ豆、コーン、セイボリー、タイムを入れてかき混ぜます。

f) 塩、こしょうで味を調え、天板に均一に広げます。

g) マッシュポテトをのせ、天板の端まで広げます。じゃがいもに焼き色がつき、中身が泡立つまで約 45 分焼きます。

h) すぐにサーブします。

29.　　　チョコレートアマレットフォンデュ

4人分

材料

- 3オンスの無糖ベーキングチョコレート
- 生クリーム 1 カップ
- アスパルテーム甘味料 24 包
- 砂糖 大さじ 1
- アマレット 小さじ 1
- 小さじ 1 杯のバニラエッセンス
- ベリー、1 食分あたり $\frac{1}{2}$ カップ

方向

a) チョコレートを小さく割って、生クリームと一緒に 2 カップのグラスに入れます。

b) 電子レンジ強でチョコレートが溶けるまで約 2 分加熱する。混合物がツヤツヤになるまで泡立てます。

c) 甘味料、砂糖、アマレット、バニラを加え、滑らかになるまで泡立てます。

d) 混合物をフォンデュ鍋またはサービングボウルに移します.ディップ用のベリーを添えてください。

30. ラズベリーのクーリを添えたフラン

2〜4人分

材料

- 牛乳 1 カップ
- 1 カップ半々
- 卵 2 個
- 卵黄 大 2 個
- アスパルテーム甘味料 6 包
- コーシャーソルト 小さじ $\frac{1}{4}$
- 小さじ 1 杯のバニラエッセンス
- 1 カップの新鮮なラズベリー

方向

a) オーブンの下 3 分の 1 にあるラックに、1 インチの水を入れたロースト パンを置きます。

b) 1/2 インチのラムキン 6 個にバターを塗る。牛乳と半分を電子レンジで 2 分間加熱 (100% 出力) するか、コンロで中程度の鍋に入れ、温かくなるまで加熱します。

c) その間、卵と卵黄をミディアムボウルで泡立つまで泡立てます。

d) 温かい牛乳の混合物を卵に徐々に泡立てます。甘味料、塩、バニラを入れてかき混ぜます。準備したラメキンに混合物を注ぎます。

e) 水の入った鍋に入れ、カスタードが固まるまで約 30 分焼きます。

f) ローストパンから皿を取り出し、ワイヤーラックで室温まで冷やし、冷めるまで約2時間冷蔵します。

g) クーリを作るには、フードプロセッサーでラズベリーをピューレにするだけです。お好みで甘味料を加えてください。

h) 提供するには、各カスタードの端にスプーンを走らせ、デザートプレートに出します。

i) カスタードの上にクーリを振りかけ、新鮮なラズベリー数個とミントの小枝 (使用する場合) で仕上げます。

31.　　　バーボンのフルーツボール

2人分

材料

- ½カップのメロンボール
- 半分に切ったイチゴ ½カップ
- バーボン 大さじ1
- 砂糖 大さじ1
- ½パケットのアスパルテーム甘味料
- 飾り用の新鮮なミントの小枝

方向

a) ガラス皿にメロンボールといちごを入れます。

b) バーボン、砂糖、アスパルテームをトスします。

c) サービングタイムまで蓋をして冷蔵します。果物をデザート皿にスプーンで入れ、ミントの葉で飾ります．

32. ピーカンパイアイスクリーム

収量: 5 カップ

材料：

- 全乳 2 カップ
- 生クリーム 1 カップ
- ライトブラウンシュガー $\frac{1}{2}$ カップ
- 卵 2 個
- 小さじ 1 杯のバニラエッセンス
- 粗く刻んだピーカン 1 カップ
- 2/3 カップのメープルシロップ
- 溶かした無塩バター 大さじ 2
- コーシャーソルト 小さじ $\frac{1}{4}$

方向：

a) 大きな鍋で、牛乳と生クリームを混ぜます。砂糖を加えてよく混ぜます。中火～強火で焦げ目がつくまで加熱する。

b) 小さなミキシングボウルで、卵をよく混ぜ合わせます。卵に大さじ数杯のホットミルク混合物を泡立ててから、卵混合物をゆっくりと鍋に戻します。

c) 混合物が冷えるにつれて、さらに 5 分以上攪拌を続けます。バニラエッセンスを混ぜます。

d) カスタードをスプーンでボウルに入れ、蓋をして、6 時間または一晩冷やします．

e) 小さくて重いフライパンで、ピーカンナッツを中火から強火で焼きます。軽く焦げ目がつくまでかき混ぜます。鍋を火から下ろします。メープルシロップ、バター、塩で味を調えます。

f) ピーカンを均一にコーティングするようにかき混ぜます。混合物を冷蔵します。

g) 冷やしたカスタードをアイスクリーム マシンに注ぎ、40 〜 50 分間、または混合物がソフト クリームのような固さになるまでかき混ぜます。

h) 混ぜ皿に入れます。冷やしたナッツとシロップをかき混ぜます。

i) アイスクリームを 1 つまたは複数の容器に入れて、少なくとも 2 時間、または固まるまで凍らせます。

33.　シナモンチップブレッドプディング

収量: 10 食分

材料

ブレッドプディング：

- 2 カップ半々
- バター 大さじ 2
- 卵 3 個
- 砂糖 1/3 カップ
- ナツメグ 小さじ 1/4
- バニラエッセンス 小さじ 1
- 小さく裂いたパン 3 カップ
- シナモンチップ ひと握り

バニラミルク：

- 牛乳 1 カップ
- バター 1/4 カップ
- 砂糖 1/3 カップ
- バニラ 小さじ 1
- 小麦粉 大さじ 1

- 小さじ 1/2 の塩

方向：

ブレッドプディング：

a) 中火から強火にかけて、ハーフアンドハーフとバターを鍋で煮ます。

b) 別の皿に卵、ナツメグ、バニラエッセンスを入れて泡だて器で混ぜます。加熱した牛乳とバターの混合物をよく混ぜます。

c) パンを小さくちぎり、用意しておいたキャセロール皿に入れる。

d) 混合物をシナモンチップで上と上に広げます。

e) ホイルで覆い、350 度で 30 分間焼きます。

f) ホイルを取り除き、さらに 15 分間焼きます。

温かいバニラミルク：

g) バターを溶かし、小麦粉を混ぜてペースト状にする。

h) 牛乳、砂糖、バニラ、塩を加え、よくかき混ぜながら 5 分間、またはシロップ状になるまで沸騰させます。

i) 温かいブレッドプディングにソースをかけ、すぐにお召し上がりください。

34.　焼きキャラメルりんご

収量: りんご 24 個

材料:

- りんご 24 個 皮をむき、芯を取り、一口大に切る
- ブラウンシュガー 3 カップ
- 水 3/4 カップ
- バター 大さじ 6
- 塩 小さじ 3
- 小麦粉 大さじ 6
- 点線用の余分なバター
- シナモンをふりかける

方向:

a) オーブンを華氏 350 度に予熱します。

b) 鍋にすべてのソースの材料を混ぜ合わせ、弱火にかけます。ソースが濃くなり、キャラメル/グレービーの食感に変わります.

c) りんごを 2 枚の 9x13 インチの天板に均等に広げ、等量のカラメルソースをかぶせます。

d) 上にバターをぬり、シナモンをふりかける。

e) ふたをして 1 時間焼き、30 分後にかき混ぜます。

35.　　パンプキンパイに感謝

収量: 8 人前

材料：

- 1 缶 (30 オンス) パンプキン パイ ミックス
- エバミルク 2/3 カップ
- 溶き卵（大）2 個
- 焼いていない 9 インチのパイの殻 1 個

方向：

a) オーブンを華氏 425 度に予熱します。

b) 大きなミキシング ボウルで、パンプキン パイ ミックス、エバミルク、卵を混ぜ合わせます。

c) パイの殻にフィリングを注ぎます。

d) オーブンで 15 分間焼きます。

e) 温度を 350°F に上げ、さらに 50 分間焼きます。

f) 軽く振って、完全に焼き上がったかどうかを確認します。

g) ワイヤーラックで 2 時間冷やします。

36. 低脂肪パンプキントライフル

収量: 18 人前

材料:

ケーキ：

- 手で砕いたスパイスケーキ 1 箱
- 水 1 1/4 カップ
- 卵 1 個

プリンフィリング：

- スキムミルク 4 カップ
- 4 パッケージ (各 1 オンス) バタースコッチ プリン ミックス
- 1 缶（15 オンス）のカボチャミックス
- パンプキンスパイス 小さじ 1 と 1/2
- 12 オンスの軽いホイップトッピング

方向：

a) すべてのケーキの材料を 8 インチ四方のベーキング パンに入れ、35 分間、または固まるまで焼きます。

b) ストーブまたはワイヤーラックで冷やします。

c) 大きなミキシング ボウルで、牛乳とプリン ミックスを混ぜます。数分間濃くします。かぼちゃと調味料をよく混ぜ合わせます。

d) ケーキの4分の1、次にカボチャの半分、次にケーキの4分の1、ホイップクリームの半分を重ねることから始めます。

e) レイヤーを繰り返す

f) ホイップトッピングとケーキクラムを飾ります。提供する準備が整うまで冷蔵する

37. カボチャダンプケーキ

収量: 10 食分

材料:

- 1〜30 オンス。パンプキンパイのピューレ
- 卵 2 個
- エバミルク 1 缶
- イエローケーキミックス 1/2 箱
- クルミのみじん切り 1 カップ
- バター 1/2 カップ

方向:

a) オーブンを華氏 350 度に予熱します。

b) パンプキンパイピューレ、卵、牛乳をミキサーでよく混ぜます。

c) 材料を 11x7 または 8x8 の鍋に注ぎます。

d) 上にドライケーキミックスの 1/2 箱を少し泡立てます。

e) 刻んだクルミと 1/2 カップの溶かしバターをのせます。

f) 約 40 分間焼きます。

g) 提供する準備が整うまで冷まします。

h) 上にホイップクリームを添えます。

38.　　チアプリン

収量：デザートボウル 4 個

材料

- 有機ココナッツミルク 1 缶と水 1 缶を混ぜ合わせる
- チアシード 大さじ 8
- 小さじ 1/2 の有機バニラエッセンス
- 玄米シロップ 大さじ 2

方向：

a) ボウルにココナッツミルク、水、玄米シロップ、チアシードを入れて混ぜます。

b) すべてを 10 分間混ぜ合わせます。

c) 提供する前に 30 分間冷蔵してください。

d) 小さじ 1 杯のバニラパウダーまたは小さじ 1/2 杯の有機バニラエッセンスを混合物に入れます．

e) スプーンでデザート ボウルに入れ、バニラ パウダーまたは挽きたてのナツメグをふりかけます。

f) 一晩寝かせると、しっかりとした食感になります。

39.りんごのおやつ

収量: 6 ビスケット

材料

- アーモンド 1 カップ、一晩浸す
- カリカリりんご 1/2 カップ
- ½ カップの亜麻仁 - 挽いたもの
- 2 つの大きなナツメヤシ、種を取り、茎を取り除いたもの
- レモン汁 大さじ 1
- グレイシーソルト 小さじ 1
- オオバコの皮 1/2 カップ

方向：

a) アーモンド、塩、レモン汁、ナツメヤシ、りんごをフードプロセッサーで混ぜます。亜麻仁とオオバコの殻を加えます。

b) 生地をゴルフボール大にすくって丸め、脱水シートの上に 1 インチ間隔で並べる。

c) 丸みを帯びたトップを下にたたきます。

d) ディハイドレーターで一晩脱水するか、ドアを少し半開きにして最低設定で 1 時間焼きます。

e) 果物とタンパク質のスナックを取り除き、固さを確認します。

40.バターナッツスカッシュムース

収量: 4 人前

材料

- 皮をむいて角切りにしたバターナッツ スカッシュ 2 カップ
- 1 カップの水
- 小さじ 1 杯のレモン汁
- カシューナッツまたは松の実 1 カップ
- 4 ナツメヤシ - 穴を開け、茎を取り除きます
- 小さじ½シナモン
- 小さじ 1 杯のナツメグ
- 有機バニラエッセンス 小さじ 2

方向：

a) ブレンダーで、すべての材料を混ぜ合わせ、約 5 分間、またはよく混ざるまでブレンドします。

b) 個々のサービング カップまたは大きなサービング ディッシュに移します。

c) これを冷蔵庫で一晩寝かせると味が混ざり合い、さらに辛さが増します。

d) 召し上がる前にメープルシロップをかけてどうぞ。

41.　　　　サザンスイートポテトパイ

収量: 10 食分

材料:

- 皮をむいて調理したサツマイモ 2 カップ
- 1/4 カップの溶かしバター
- 卵 2 個
- 砂糖 1 カップ
- バーボン 大さじ 2
- 小さじ 1/4 の塩
- 小さじ 1/4 の挽いたシナモン
- 生姜 小さじ 1/4
- 牛乳 1 カップ

方向：

a) オーブンを華氏 350 度に予熱します。

b) 牛乳以外のすべての材料を電動ミキサーで完全に混ぜ合わせます。

c) 牛乳を加え、すべてが完全に混ざったら混ぜ続けます。

d) フィリングをパイの殻に注ぎ、35〜45分、または中心近くにナイフを挿入してきれいになるまで焼きます。

e) 冷蔵庫から取り出し、室温まで冷ましてからお召し上がりください。

42. サツマイモとコーヒーのブラウニー

収量: 8

材料：

- 淹れたてのホットコーヒー 1/3 カップ
- 刻んだ 1 オンスの無糖チョコレート
- キャノーラ油 1/4 カップ
- サツマイモのピューレ 2/3 カップ
- 純粋なバニラエッセンス 小さじ 2

方向：

a) オーブンを華氏 350 度に予熱します。

b) 小さなボウルに、コーヒーと 1 オンスのチョコレートを混ぜ合わせ、1 分間放置します。

c) 大きなミキシング ボウルで、オイル、サツマイモのピューレ、バニラ エッセンス、砂糖、ココア パウダー、塩を混ぜ合わせます。すべてがよく混ざるまで混ぜます。

d) 薄力粉とベーキングパウダーを別のボウルで混ぜ合わせます。チョコチップを加えてよく混ぜる。

e) スパチュラを使用して、すべての材料が混ざるまで、乾いた材料を湿った材料にそっとかき混ぜます。

f) 生地をグラタン皿に注ぎ、**30〜35**分間、または中央につまようじを刺してもきれいになるまで焼きます。

g) 完全に冷ます。

43. 感謝祭のコーンスフレ

収量：8〜10 食分

材料：

- 中玉ねぎ 1 個
- 5 ポンド。冷凍スイートコーン
- 6 カップ モントレー ジャック、細切り
- 卵 3 個
- 塩 小さじ 1

方向：

a) フライパンで、玉ねぎをオリーブオイルで炒めます。脇に置きます。

b) フードプロセッサーで、とうもろこしをすりつぶします。

c) ソテーしたタマネギを含む他の材料を混ぜ合わせてかき混ぜます。

d) バターを塗った **8x14** のグラタン皿に入れます。

e) 375°F で約 25 分間、または上面がきつね色になるまで焼きます。

44. クランベリーアイスクリーム

収量: 2 人前

材料:

クランベリーピューレ

- 水 1/4 カップ
- 塩 小さじ 1/4
- 12 オンス。新鮮なクランベリー、きれいにして選別
- 搾りたてのオレンジジュース 大さじ 2

アイスクリーム

- 生クリーム $1\frac{1}{2}$ カップ
- 全乳 $1\frac{1}{2}$ カップ
- 砂糖 1 カップ
- クランベリーピューレ $1\frac{1}{4}$ カップ

方向:

クランベリーピューレ:

a) 水、塩、クランベリーを中火で 6〜7 分加熱します。

b) 火から下ろし、10 分間冷ます。

c) ブレンダーまたはフードプロセッサーで、クランベリーとオレンジジュースをピューレにします。

d) クランベリーピューレを数時間冷蔵します。

アイスクリーム

e) ボウルに生クリーム、牛乳、砂糖、クランベリーピューレを入れて混ぜる。

f) アイスクリーム マシンで、メーカーの指示に従って材料を攪拌します。

g) 凍ったクリーミーな混合物を冷やしたアイスクリーム容器に移します。

h) 最低 4 〜 6 時間凍結させます。

i) 冷蔵庫で 5〜10 分解凍してからお召し上がりください。

45.　　　くるみプチ

収量: 4 ダース

材料:

- 8 オンス。柔らかくしたクリームチーズ
- 柔らかくした無塩バター 1 カップ
- 中力粉 2 カップ
- 卵 2 個
- ブラウンシュガー 1 1/2 カップ
- 刻んだクルミ 2 カップ

方向:

a) オーブンを華氏 350 度に予熱します。

b) 電動ミキサーを使用して、クリームチーズとバターを滑らかになるまで泡立てます。

c) 薄力粉と塩少々をふるい入れ、生地がまとまるまでかき混ぜます。生地を 4 つに切り分け、ラップに包んで冷蔵庫で 1 時間以上冷やす。

d) 生地の各部分を 12 個のボールに丸め、各ボールを底に押し込み、ミニマフィン カップの端を押し上げて、ペストリー シェルを作成します。使用するまで冷蔵します。

e) 大きなミキシング ボウルで、卵、ブラウン シュガー、ひとつまみの塩を滑らかになるまで泡立ててから、くるみを入れます。

f) 各ペストリーシェルにスプーン**1**杯のフィリングを入れます

g) オーブンの真ん中で**25〜30**分間、またはフィリングが泡立ち、ペストリーが薄い黄金色になるまで、バッチで焼きます．

h) 冷却ラックに移します。

46. 感謝祭のキャロットスフレ

収量: 8人前

材料：

- 2ポンド。皮をむいて茹でた新鮮なニンジン
- 卵 6個
- 砂糖 2/3 カップ
- マッツォミール 大さじ 6
- バニラ 小さじ 2
- 溶かしたバターまたはマーガリン 2本
- ナツメグのダッシュ
- ブラウンシュガー 大さじ 6
- 溶かしたバターまたはマーガリン 大さじ 4
- クルミのみじん切り 1カップ

方向：

a) にんじんと卵をフードプロセッサーでピューレにする。

b) 次の 5 つの材料を滑らかになるまで処理します。

c) グリースを塗った 9x13 のベーキングパンで 350°F で 40 分間焼きます。

d) トッピングを加えてさらに 5〜10 分焼きます。

47.　　　パンプキンフラン

収量：6〜8人前

材料：

- ¾カップ砂糖
- ピュアメープルエキス 小さじ½
- すりおろしたオレンジの皮 小さじ2（オレンジ2個）
- フルール・ド・セル 小さじ½
- シナモン 小さじ1½
- 1（14オンス）コンデンスミルクを甘くすることができます
- ナツメグ 小さじ½
- 1（12オンス）牛乳を蒸発させることができます
- かぼちゃのピューレ 1カップ
- 1/2カップ（4オンス）のイタリアンマスカルポーネ
- 特大卵4個
- 純粋なバニラエッセンス 小さじ1

方向：

a) キャラメルを作る：小さくて底の厚い鍋に、砂糖、メープルシロップ、1/3カップの水を入れます。

b) 弱火で時々かき混ぜながら、5〜10分間、または混合物が黄金色になり230°Fになるまで調理します。

c) 鍋を火から下ろし、フルール・ド・セルを泡だて器で入れ、すぐに大きな丸いケーキ型に注ぎます.

d) ミキシング ボウルで、コンデンス ミルク、エバミルク、カボチャのピューレ、マスカルポーネを混ぜ合わせます。滑らかになるまで低速で叩きます。

e) 卵、バニラ、メープル エキス、オレンジの皮、シナモン、ナツメグを混ぜ合わせます。かぼちゃの混合物をキャラメルの入った鍋にゆっくりと注ぎ、混ざらないようにします。

f) ケーキパンをローストパンに置き、ローストパンに十分な熱湯を注ぎ、ケーキパンの縁の半分まで上げます.

g) カスタードがかろうじて固まるまで、オーブンの中央で70〜75分間焼きます。

h) 水浴からフランを取り出し、冷却ラックで完全に冷却します。少なくとも3時間冷蔵します。

i) フランの端に小さなナイフを走らせます。

j) ケーキ型をひっくり返して平らなサービング プレートに少し唇をつけ、フランをプレートに向けます。カラメルがフランの側面に滴るはずです.

k) くさび状に切り、各スライスの上にスプーン一杯のキャラメルを添えます。

48. カントリーコーンキャセロール

収量: 4人前

材料

- コーン粒 2 カップ
- 砂糖小さじ 1
- 小さじ 1 杯のバニラエッセンス
- 塩 小さじ 1
- 小さじ 1/4 の黒胡椒
- 溶き卵 2 個
- 牛乳 1 カップ
- 溶かしたバター 大さじ 1
- クラッカークラム 大さじ 2

方向：

a) オーブンを 350°F に予熱します。

b) 大きなミキシング ボウルで、すべての材料を混ぜ合わせます。

c) 油を塗っていない 1-1/2 クォートのキャセロール皿に注ぎます。

d) 40 〜 50 分間、またはきつね色になるまで焼きます。

49. クランベリーピーカンレリッシュ

収量: 3 カップ

材料

- 種なしオレンジ 1 個、大きめの乱切りにする
- りんご 1 個、芯を取り、大きめの角切りにする
- 新鮮なクランベリー 2 カップ
- 砂糖 1/2 カップ
- ピーカンナッツ 1/4 カップ

方向

a) フードプロセッサーで、すべての材料を混ぜます。

b) 必要に応じて容器の側面をこすり落としながら、1〜2 分間、または細かく刻んで完全に混ざるまで処理します。

c) すぐにサーブするか、気密容器に入れてサーブする準備が整うまで冷やしてください。

50.　七面鳥とポテトのハッシュケーキ

収量: 12 ケーキ

材料

- マッシュポテト 2 カップ
- 細かく刻んだ調理済み七面鳥 4 カップ
- 玉ねぎのみじん切り 1/4 カップ
- 刻んだピーマン 1/4 カップ
- 乾燥パン粉 1/4 カップ
- 塩 小さじ 1
- 小さじ 3/4 の黒コショウ
- ガーリックパウダー 小さじ 1/4
- パプリカ 小さじ 1/4
- パセリのみじん切り 1/4 カップ
- 卵 3 個、少し溶きほぐす
- 植物油 1/2 カップ

方向：

a) 大きなミキシングボウルで、オイルを除くすべての材料を一緒に泡だて器で混ぜます．

b) 混合物からパンケーキを作ります。

c) 大きなフライパンを中火から強火で覆うのに十分な油を熱します。パンケーキの両面を焼き、必要に応じて油を加え、きつね色になるまで焼き、ペーパータオルで水気を切ります。

d) すぐにサーブします。

51.　アップルクランチコブラー

収量: 8 人前

材料

- 皮をむいて薄切りにした中くらいのリンゴ 4 個
- グラノーラ シリアル 2 カップ
- ゴールデンレーズン 1/2 カップ
- はちみつ 1/4 カップ
- ブラウンシュガー 1/4 カップ
- 溶かしたバター 大さじ 2
- 小さじ 1 杯のバニラエッセンス
- 小さじ 1 杯の挽いたシナモン
- ナツメグ 小さじ 1/4
- クローブ 小さじ 1/8
- バニラアイスクリーム 8 カップ

方向：

a) 4 クォートのスロークッカーで、リンゴをやさしく加熱します。

b) 中程度のミキシング ボウルで、グラノーラ シリアルと次の 8 つの材料を混ぜ合わせます。りんごの上にふりかけます。

c) LOW で 6 時間、蓋をして調理します。

d) バニラアイスクリームの上にりんごをのせます。

52. グーイー・アーミッシュ・キャラメル・パイ

収量: 8 人前

材料

- ライトブラウンシュガー 2 カップ
- 1 カップの水
- バター 大さじ 1
- 中力粉 3/4 カップ
- 牛乳 3/4 カップ
- 卵黄 3 個
- 小さじ 1 杯のバニラエッセンス
- 1 (9 インチ) 焼きパイ生地
- ピーカンナッツ 1 カップ

方向：

a) ブラウンシュガー、水、バターを中程度の鍋で中強火で沸騰させます。定期的にかき混ぜながら、3～5 分間煮ます。

b) 中程度のミキシングボウルで、小麦粉、牛乳、卵黄を一緒に泡だて器で混ぜます。

c) 頻繁にかき混ぜながら、小麦粉の混合物を沸騰した混合物に 3～5 分間ゆっくりと加えます。

d) 火からおろし、バニラエッセンスを加えて混ぜ、5分間冷まします。

e) フィリングを調理したパイクラストに注ぎ、半分に切ったピーカンナッツをのせます。

f) 8時間または一晩冷蔵する前に、30分間冷ましてください．

53.　　　紅葉

収量: 12 葉

材料

- 丸めた冷蔵パイ生地 1 個
- 卵 1 個
- 水 大さじ 2

方向：

a) オーブンを 350°F に予熱します。

b) ステンシル、鋭利なナイフ、またはクッキーカッターでパイクラストから葉の形を切り取ります．

c) ナイフで「葉」のカットアウトに線を引いて、本物の葉の静脈に似せますが、クラストを完全に切断しないでください．

d) ベーキング中に自然な曲線を作成するには、クッキー シートに切り抜きを配置するか、束ねたアルミ ホイルの上にドレープします。

e) 小さなミキシングボウルで、完全に混ざるまで卵と水を一緒に泡立てます．カットアウトをエッグウォッシュでブラッシングします。

f) 黄金色になるまで、3〜5 分間焼きます。

54.　収穫フルーツコンポート

収量: 8 人前

材料

- りんご 5 個、1 インチのチャンクにカット
- 中くらいの梨 3 個、1 インチのチャンクにカット
- 皮をむいて輪切りにした大きなオレンジ 3 個
- 1 (12 オンス) パッケージの新鮮なクランベリー
- リンゴジュース 1 1/2 カップ
- ライトブラウンシュガー 1 1/2 カップ

方向：

a) スープ鍋にすべての材料を入れ、中火～強火で沸騰させます。

b) 火を中火に弱め、定期的にかき混ぜながら、10～15 分間、または果物が柔らかくなるまで調理します。

c) 果物が冷めたら、スプーンで気密容器に入れ、提供するまでそのままにしておきます．

55.　感謝祭のクランベリーパイ

収量: 8 人前

材料

- パイ生地 2 枚
- 1 パックのゼラチン；オレンジ風味
- ¾ カップ 熱湯
- ½ カップ オレンジジュース
- 1 缶（8 オンス）のゼリークランベリーソース
- すりおろしたオレンジの皮 小さじ 1
- 冷たいハーフアンドハーフまたは牛乳 1 カップ
- 1 パック ジェロ インスタント プリン、フレンチ バニラまたはバニラ味
- 1 カップ クールホイップ ホイップトッピング
- フロストクランベリー

方向：

a) オーブンを 450°F に予熱する

b) ゼラチンを沸騰させて溶かします。オレンジジュースを注ぎます。ボウルを大きな氷と水のボウルに入れます。ゼラチンが少しとろみがつくまで、定期的にかき混ぜながら 5 分間放置します。

c) クランベリーソースとオレンジの皮を加えて混ぜ合わせる。パイ生地にフィリングを詰めます。約30分間、または固まるまで冷やします。

d) ミキシングボウルに半分ずつ注ぎます。パイフィリングミックスを入れます。完全に混ざるまで泡立てます。

e) 2分間、またはソースが少しとろみがつくまで置いておきます。最後にトッピングのホイップを乗せます。

f) ゼラチン混合物を上にそっと広げます。2時間または固くなるまで冷やします。

g) 好みに応じて、ホイップしたトッピングとフロステッド クランベリーをトッピングします。

56. スパークリングクランベリー

収量: 2 カップ

材料

- ピュアメープルシロップ 1 カップ
- 新鮮なクランベリー 2 カップ
- 砂糖 1 カップ
- 羊皮紙

方向：

a) メープルシロップを鍋に入れ弱火〜中火で 1〜2 分煮る。

b) 粗熱を取り、クランベリーを混ぜます。

c) 蓋をして 8〜12 時間冷やします。

d) クランベリーを水切りします。

e) 一度に 4〜5 個のクランベリーを砂糖に入れ、優しく混ぜてコーティングします．

f) クッキングシートを敷いた天板にクランベリーを単層で並べ、完全に乾かします。

57. レモンフィリングのトルテ

メレンゲの殻

- 卵白大 3 個
- 歯石のクリーム 小さじ $\frac{1}{4}$
- コーシャーソルト 小さじ $\frac{1}{4}$
- アスパルテーム甘味料 10 包

充填

- 水 $2\frac{1}{4}$ カップ
- すりおろしたレモンの皮 1 個分と果汁
- アスパルテーム甘味料 30 包
- 1/3 カップと大さじ 2 のコーンスターチ
- 大きな卵 2 個と大きな卵白 2 個
- 無塩バター 大さじ 2

方向：

a) 卵白 3 個をミディアムボウルで泡立つまで泡立てる。タルタルクリーム、塩、甘味料を加え、角が立つまで泡立てる。天板にパーチメント紙を敷き、その上にメレンゲを流し込む。

b) 水、レモンの皮とジュース、塩、甘味料、コーンスターチを中程度の鍋で混ぜます。絶えずかき混ぜながら、中火から強火にかけて沸騰させます。

c) 小さなボウルに卵 2 個と卵白 2 個を溶きほぐします。熱いコーンスターチ混合物の約半分をかき混ぜてから、この卵混合物を鍋に残っているコーンスターチ混合物に戻します．弱火で 1 分間調理してかき混ぜます。

d) 火からおろし、バターをかき混ぜます。混合物を調理して冷却したメレンゲの殻に注ぎます。スライスしたいちごをトッピングして、一気に盛り付けます。

58. チョコレートアマレットフォンデュ

材料:

- 3オンスの無糖ベーキングチョコレート
- 生クリーム1カップ
- アスパルテーム甘味料24包
- 砂糖 大さじ1
- アマレット 小さじ1
- 小さじ1杯のバニラエッセンス
- お好みのベリー、1食分あたり約$\frac{1}{2}$カップ

方向:

a) チョコレートを小さく割って、生クリームと一緒に2カップのグラスに入れます。チョコレートが溶けるまで、電子レンジの強(100%出力)で約2分間加熱します(またはダブルブロイラーで弱火で加熱し、常に泡だて器でかき混ぜます)。混合物がツヤツヤになるまで泡立てます。

b) 甘味料、砂糖、アマレット、バニラを加え、滑らかになるまで泡立てます。

c) 混合物をフォンデュ鍋またはサービングボウルに移します。ディップ用のベリーを添えてください。

59.　ラズベリーのクーリを添えたフラン

材料:

- 牛乳 1 カップ
- 1 カップ半々
- 卵 2 個
- 卵黄 大 2 個
- アスパルテーム甘味料 6 包
- コーシャーソルト 小さじ $\frac{1}{4}$
- 小さじ 1 杯のバニラエッセンス
- 1 カップの新鮮なラズベリー

方向:

a) オーブンの下 3 分の 1 にあるラックに、1 インチの水を入れたローストパンを置きます。

b) 1/2 インチのラムキン 6 個にバターを塗る。牛乳と半分を電子レンジで 2 分間加熱 (100% 出力) するか、コンロで中程度の鍋に入れ、温かくなるまで加熱します。

c) その間、卵と卵黄をミディアムボウルで泡立つまで泡立てます。温かい牛乳の混合物を卵に徐々に泡立てます。甘味料、塩、バニラを入れてかき混ぜます。準備したラメキンに混合物を注ぎます。

d) 水の入った鍋に入れ、カスタードが固まるまで約 30 分焼きます。

e) ローストパンから皿を取り出し、ワイヤーラックで室温まで冷やし、冷めるまで約 2 時間冷蔵します。

f) クーリを作るには、フードプロセッサーでラズベリーをピューレにするだけです。お好みで甘味料を加えてください。

g) 提供するには、各カスタードの端にスプーンを走らせ、デザートプレートに出します。カスタードの上にクーリを振りかけ、新鮮なラズベリー数個とミントの小枝(使用する場合)で仕上げます。

60.　チョコケーキ

材料：

- フライパンに粉をまぶすためのココア
- 無塩バター 大さじ 6
- 4 オンスの無糖チョコレート
- 1/3 カップ半々
- 1/3 カップのラズベリー オールフルーツ ジャム
- 小さじ 1 杯のインスタントエスプレッソパウダー
- 砂糖 大さじ 1
- 大きな卵 3 個
- 小さじ 1 杯のバニラエッセンス
- アスパルテーム甘味料 22 包
- タルタルクリーム 小さじ $\frac{1}{8}$
- 中力粉 $\frac{1}{4}$ カップ
- 塩 小さじ $\frac{1}{8}$
- 生クリーム 1 カップ
- 飾り用のラズベリー 1/2 カップ (オプション)

方向：

a) バター、チョコレート、ハーフ アンド ハーフ、ラズベリー ジャム、エスプレッソ パウダーを電子レンジ対応の皿に入れます。チョコレートが溶けるまで、電子レンジ強 (100% パワー) で 2 〜 3 分加熱します。

b) 砂糖、卵黄、バニラを加えて泡立てます。アスパルテームを加え、滑らかになるまで泡立てる。

c) 別のボウルで卵白を泡だて器で泡立て、クリームオブターターを加えて角が立つまで泡立てる。チョコレートの混合物を卵白に入れ、混ぜすぎないように注意しながら、合わせた小麦粉と塩を入れます。準備した鍋に注ぎます。焼く。

61.　フラン・アルメンドラ

材料:

- 全乳 $1\frac{1}{4}$ カップ
- 大きな卵 4 個
- 3 パケット アスパルテーム甘味料、またはお好みで
- 砂糖 大さじ 1
- 小さじ 1 杯のバニラエッセンス
- 小さじ 1 杯のアーモンドエキス（オプション）
- スライスしたアーモンド $\frac{1}{4}$ カップ
- 飾り用にお好みのベリー 1/2 カップ (オプション)

方向:

a) 1 インチの水で満たされたローストパンをオーブンに置き、**325°F** に予熱します. ラメキン 4 枚またはガラスのカスタードカップにバターを塗ります。

b) 牛乳を 1 クォートの電子レンジ対応ボウルに入れ、高出力 **(100% 出力)** で **2** 分間温めます。または、中程度の鍋でコンロで沸騰直前まで加熱します。

c) その間、別のボウルに、卵、甘味料、砂糖、バニラ、アーモンドエキス (使用する場合) を一緒に泡だて器で混ぜます。卵液に温めた牛乳を入れて混ぜます。

d) アーモンドを小さな乾いたフライパンで焼き色がつくまで、約 **1** 分間トーストします。アーモンドを **4** つのラメキンに分け、カスタードを詰めます。アルミホイルで覆います。ラメキンを水浴に入れます。カスタードが固まるまで約 **20** 分焼きます。テストするには、真ん中にナイフを挿入します。それはきれいに出てくるはずです。

e) 常温または冷やしてお召し上がりください。サーブするには、ラメキンの端にナイフを走らせてから、フランをデザートプレートに向けます。必要に応じて、お好みのベリーを 1/2 カップ追加します。

62.　スパイスストロベリー

材料：
- 半分に切ったいちご 2 カップ
- 砂糖 大さじ 1
- シェリービネガー 小さじ 2
- 小さじ $\frac{1}{4}$ 細かく挽いた黒コショウ

方向：

a) ベリーを砂糖、酢、コショウと一緒に中くらいのボウルに入れます。少なくとも 15 分間カバーして冷やします。

b) 足付きのデザート皿に盛り付けます。

63. ブラックベリーフール

材料：

- クレームフレッシュ1カップ、またはサワークリーム大さじ1と生クリーム1カップ
- ブラックベリー1カップ
- 砂糖 大さじ1
- 1パケットのアスパルテーム甘味料、またはお好みで
- クレーム・ド・カシス 小さじ$\frac{1}{8}$

方向：

a) 6つの豪華なブラックベリーを取っておきます。残りのベリーを砂糖、甘味料、クレーム・ド・カシス、クレーム・フレッシュと混ぜます。軽く混ぜてから、スプーンで足付きのデザート皿に入れます。

b) 提供時間まで蓋をして冷やします。予約したベリーを飾ります。

64. ザバグリオーネ

材料：

- 卵黄 大 6 個
- アスパルテーム甘味料 2 袋
- $\frac{1}{4}$ カップ マルサラ
- すりおろしたオレンジの皮 大さじ 1
- グランマルニエ 大さじ 3
- 生クリーム 1 カップ

方向：

a) ダブルボイラーの上部で卵黄と甘味料を叩き、沸騰したお湯の上に置き、淡い黄色でとろみがつくまで **3〜5 分**.

b) マルサラとオレンジの皮を加えて、スプーンの背が隠れるほどとろみがつくまで、しっかりと泡だて器で混ぜながら調理を続けます。

c) 火から下ろし、グランマルニエをかき混ぜます。

d) 4 つのデザート料理に分けてください。温かいまたは冷やしてお召し上がりください。各サービングの上にホイップクリームの $\frac{1}{4}$ カップをのせます。または、ザバリオーネを冷やしてホイップクリームを入れ、デザート皿に分けます。

65.　ラズベリーとクリーム

材料：
- 生クリーム 1/2 カップ
- 小さじ 1/4 のバニラエッセンス
- 砂糖 大さじ 1
- ½ パケットのアスパルテーム甘味料
- 新鮮なラズベリー 1 パイント

方向：

a) クリームにバニラ、砂糖、アスパルテームを加え、やわらかいツノが立つまで泡立てる。ラズベリーの半分をスプーンでつぶし、クリームに混ぜます。

b) 残りのベリーを 4 つのデザート ボウルに分け、ラズベリー クリームをのせます。サービングタイムまで蓋をして冷蔵します。

66.　バーボンのフルーツボール

材料：
- ½カップのメロンボール
- 半分に切ったイチゴ ½カップ
- バーボン 大さじ1
- 砂糖 大さじ1
- ½パケットのアスパルテーム甘味料、またはお好みで
- 飾り用の新鮮なミントの小枝

方向：

a) ガラス皿にメロンボールといちごを入れます。

b) バーボン、砂糖、アスパルテームをトスします。

c) サービングタイムまで蓋をして冷蔵します。果物をデザート皿にスプーンで入れ、ミントの葉で飾ります。

67.　　インド風マンゴー

材料:

- 完熟マンゴー1個
- ½ライム
- 小さじ½カレー粉

方向:

a) マンゴーは赤道を中心に縦半分に切る。

b) 手の間でひねってピットを解放します。これを破棄します。

c) それぞれの半分の果肉に切り込みを入れ、皮を切らずに細かい十字模様を作ります。

d) マンゴーを半分裏返して、ライムジュースとカレー粉をまぶしたデザート皿に盛り付けます。

68.　　　イタリアンチーズケーキ

材料:

- 部分脱脂リコッタチーズ 2 カップ
- 大きな卵 3 個
- コーンスターチ 大さじ 2
- アスパルテーム甘味料 2 袋
- レモンエキス 小さじ $1\frac{1}{2}$
- 1 カップの新鮮なラズベリー
- オールフルーツのレッドカラントジャム 1/4 カップ

方向:

a) オーブンを 325°F に予熱します。9 インチのパイ皿にバターを塗ります。大きなボウルで、リコッタチーズと卵を滑らかになるまで混ぜます。

b) コーンスターチ、甘味料、レモンエキスを入れて混ぜます。準備されたパイ皿に変わります。オーブンの真ん中の棚で 1 時間、または中央にナイフを差し込んできれいになるまで焼きます。

c) ワイヤーラックで冷やしてから冷やします。フレッシュなラズベリーをトッピング。保存料を電子レンジの高出力 (100% 出力) で 30 秒間溶かし、ベリーに霧雨をかけます。

d) 提供時間まで冷蔵します。

69. レモンフラフ

材料:
- 大きな卵 2 個
- 牛乳 2 カップ
- 1 封筒無香料ゼラチン
- アスパルテーム甘味料 1 袋
- 砂糖 大さじ 1
- レモンエキス 小さじ 2
- すりおろしたレモンの皮 小さじ 1

方向:

a) 中くらいの鍋で卵黄をとろりとレモン色になるまで泡立てる。牛乳とゼラチンを入れて混ぜ、5 分ほど置いて柔らかくする。

b) 甘味料と砂糖を加え、絶えずかき混ぜながら弱火で 5 分間煮る。火から下ろし、レモン抽出物と皮をかき混ぜます。

c) 大きくて浅いボウルに注ぎ、氷水を入れた大きなボウルで冷やします。

d) その間に中くらいのボウルで、卵白を柔らかいツノが立つまで泡立てる。レモンの混合物に入れます。

e) 6 つのデザート皿にスプーンで入れ、固まるまで冷やします.

70.　アーモンドとココナッツのメレンゲ

材料：

- 卵白大 3 個
- コーシャーソルト 小さじ $\frac{1}{4}$
- アスパルテーム甘味料 3 包
- 小さじ 1 杯のアーモンドエキス
- 細かく刻んだアーモンド 1/8 カップ
- 刻んだ無糖ココナッツ 1/2 カップ

方向：

a) オーブンを 250°F に予熱します。きしむようにきれいなボウルに、卵白、塩、甘味料を混ぜます。

b) 卵白が固いツノが立つまで、電動ミキサーまたは泡だて器で泡立てます。アーモンドエキス、アーモンド、ココナッツを入れます。

c) 山盛りの大さじを羊皮紙で裏打ちされた天板に落とします。

d) 30 分焼き、オーブンの電源を切り、オーブンのドアを開けずに、少なくとも 1 時間はメレンゲを冷ます。缶に入れて保管してください。

71.　　チョコチップクッキー

サービング：12 クッキー

材料：

- ½カップのバター
- ⅓カップのクリームチーズ
- 溶き卵1個
- 小さじ1杯のバニラエッセンス
- エリスリトール ⅓カップ
- ½カップのココナッツ粉
- 無糖チョコチップ 1/3 カップ

方向：

a) エアフライヤーを 350°F に予熱します。エアフライヤーのバスケットに羊皮紙を敷き、中にクッキーを入れます

b) ボウルにバターとクリームチーズを混ぜ合わせる。エリスリトールとバニラエッセンスを加え、ふんわりするまで泡立てる。卵を加えて混ぜ合わせる。ココナッツフラワーとチョコチップを混ぜます。生地を 10 分間休ませます。

c) 大さじ1くらいの生地をすくってクッキーを作ります。

d) エアフライヤーのバスケットにクッキーを入れ、6 分間調理します。

72. エアフライヤーブラウニー

収量: 2 人前

材料:

- アーモンド粉 1/3 カップ
- 粉末甘味料 大さじ 3
- ベーキングパウダー 小さじ 1/2
- 無糖ココアパウダー 大さじ 2
- 卵 1 個
- 溶かしたバター 大さじ 4
- チョコレートチップス 大さじ 2
- みじん切りにしたピーカンナッツ 大さじ 2

方向:

a) エアフライヤーを 350 度に予熱します。

b) ミキシング ボウルで、アーモンド粉、ベーキング パウダー、ココア パウダー、粉末甘味料を混ぜ合わせます。

c) 乾燥した材料に卵と溶かしバターを加え、滑らかになるまで高速で泡立てます。

d) ピーカンナッツとチョコレートチップスを混ぜます。

e) ねり粉を 2 つの別々のよく油を塗ったラメキンに分けます。

f) エアフライヤーの上部の熱源からできるだけ離して、ケーキを 10 分間調理します。

g) ブラウニーを 5 分間休ませてから、お気に入りのトッピングを添えます。

73.　　　ベリーチーズケーキ

収量: 8

材料：

- 柔らかくしたクリームチーズ 2 ブロック（8 オンス）
- 1 カップ+大さじ 2 の菓子用甘味料
- 卵 2 個
- ラズベリーエキス 小さじ 1
- ベリー 1 カップ

方向：

a) 大きなミキシング ボウルで、クリーム チーズと Swerve 甘味料をクリーミーになるまで泡立てます。

b) 卵とラズベリーエキスを加えます。よく混ぜます。

c) ブレンダーまたはフードプロセッサーで、ベリーを砕き、大さじ 2 杯のスワーブと一緒にチーズケーキの混合物に混ぜます.

d) スプリングフォームパンにグリースを塗り、スプーンで混合物を入れます。

e) エアフライヤーのバスケットにフライパンを置き、300°F で 10 分間調理します。その後、温度を 250°F に 40 分間下げます。鍋をそっと振ると、すべてが設定されているように見えますが、中央が少し揺れていることがわかります。

f) 取り出して少し冷ましてから冷蔵庫へ。冷蔵庫に 24 時間保管してください。完全にセットアップするには、長いほど良いです。

74.　エアフライヤーでドーナツ

サーブ: 6

材料：

- アーモンド粉 1 $\frac{1}{4}$ カップ 125 グラム
- ⅓カップ粒状エリスリトール 60 グラム
- 小さじ 1 杯のベーキングパウダー
- 小さじ 1/4 のキサンタンガム
- 塩 小さじ $\frac{1}{8}$
- 卵 2 個 室温
- 溶かしたココナッツオイル 大さじ 2
- 無糖アーモンドミルク 大さじ 2
- バニラエッセンス 小さじ $\frac{1}{2}$
- 液体ステビア 小さじ $\frac{1}{4}$
- シナモンシュガーコーティング
- 顆粒エリスリトール 大さじ 4
- シナモン 小さじ 1 $\frac{1}{2}$

方向：

a) 大きめのボウルに、アーモンド粉、エリスリトール、ベーキングパウダー、キサンタンガム、塩を入れて泡立てます。

b) 中くらいのボウルで、室温に戻した卵を軽く叩きます。溶かしたココナッツオイル、アーモンド ミルク、バニラ、液体ステビアを泡だて器で混ぜます。混合物を乾燥材料の入ったボウルに注ぎ、かき混ぜて混ぜ合わせます。

c) エアフライヤーを 330°F で 3 分間予熱します。ドーナツ型にアボカドオイルをスプレーします。

d) 生地を 3 インチのドーナツ キャビティ 6 個に絞り、約 3/4 を満たします。生地を落ち着かせ、気泡を減らすためにカウンターのパンをたたきます。

e) エアフライヤーでドーナツを 330°F で 8 分間焼きます。つまようじで焼き加減をチェック。(多くのエアフライヤーでは、最初に 4 つのドーナツのセットを焼き、次に残りの 2 つを焼く必要がある場合があります。)

f) エアフライヤーからドーナツを取り出し、フライパンで 5 分間冷まします。その間、エリスリトールとシナモンをボウルで混ぜ合わせます（必要に応じて、残りのドーナツを焼きます）.

g) 冷ました後、ドーナツをフライパンから慎重に取り出し、各ドーナツの両面をシナモンシュガーミックスでコーティングします.

h) コーティングしたドーナツを平らな面を下にしてエアフライヤーに入れます。350℉で 2 分間焼き、すぐにシナモン シュガーをまぶして仕上げます。楽しみ！

75.   バニラストロベリークリームケーキ

6人前

材料：

- アーモンドミール 1 カップ（100g）
- ナトビア 1/2 カップ（75g）
- ベーキングパウダー 小さじ 1（5g）
- ココナッツオイル 大さじ 2（40g）
- 卵 大 2 個（各 51g）
- バニラエッセンス 小さじ 1（5g）
- コールドクリーム 300ml
- 完熟いちご 200g

方向：

a) エアフライヤーを 180°C で 3 分間予熱します。

b) 大きなボウルに、アーモンド粉、ナトビア、ベーキング パウダーをひとつまみの海塩とともに混ぜます。

c) ココナッツオイル、卵、バニラを加えて混ぜ合わせます。

d) 16cm のケーキ型にココナッツオイルを軽く塗ります。

e) スパチュラを使用して、混合物をケーキ型にこすり落とします。

f) エアフライヤーのバスケットに入れてホイルで覆います。

g) 160℃で20分間調理します。

h) ホイルを取り除き、さらに10分間、または挿入した串が完全に取り除かれるまで調理します．

i) 冷めたら、冷たい生クリームを電動泡だて器で5分間、または角が立つまで泡立てる。

j) ケーキ全体に広げ、その上にスライスしたいちごを並べます。

k) 外側から始めて、大きなスライス(とがった面を外側)を使用して、徐々に内側に向かっていきます。

l) 各レイヤーを重ねて高さを作成します。

76.　　　ベリーコブラー

4人前

材料:

- 解凍した冷凍ブルーベリー 2 カップ (250g)
- 柔らかくしたバター ½ カップ (120g)
- ナトビア ¼ カップ (38g)
- 卵 2 個 (各 51g)
- アーモンドミール 1/2 カップ (50g)
- バニラエッセンス 小さじ 1 (5g)

方向:

a) エアフライヤーを 180°C で 3 分間予熱します。

b) 解凍したブルーベリーを 8 x 8cm のセラミック皿またはローフ型の底に置きます。

c) ボウルに残りの材料をひとつまみの海塩と混ぜ合わせ、スプーンでブルーベリーをのせます。

d) ベリーとアーモンドの混合物を軽くかき混ぜます。

e) 皿をエアフライヤーに入れます。

f) ホイルで覆います。

g) 180°C で 10 分焼きます。ホイルを取り除き、さらに 5 分間、または十分に焼き色がつくまで焼きます。

77.　　　チョコレート バント ケーキ

6人前

材料：

- アーモンドミール 1½ カップ (150g)
- ナトビア 1/2 カップ (75g)
- 無糖ココアパウダー 1/3 カップ (30g)
- ベーキングパウダー 小さじ 1 (5g)
- 無糖アーモンドミルク 1/3 カップ (85g)
- 卵 大 2 個（各 51g）
- バニラエッセンス 小さじ 1 (5g)

方向：

a) エアフライヤーを 180°C で 3 分間予熱します。

b) 大きなミキシングボウルで、すべての材料がよく混ざるまでかき混ぜます。

c) ミニブント缶に油をスプレーします。注: ブントケーキ缶にはさまざまなサイズがあります。必要なサイズは、エアフライヤーのサイズによって異なります。油を軽くスプレーするか、溶かしたバターを刷毛で塗ると、くっつきを防ぐことができます。

d) 型に生地をすくい入れる。

e) エアフライヤーのバスケットに入れ、160℃で10分間調理します。

f) 取り出す前に5分間冷却します。

78.　ジャイアント PB クッキー

4人前

材料:

- アーモンドミール 1/3 カップ（33g）
- ナトビア 大さじ 2（24g）
- 卵（大）1 個（51g）
- カリカリピーナッツバター 大さじ 3（75g）
- シナモン 小さじ 1（3g）

方向：

a) エアフライヤーを 180°C で 3 分間予熱します。

b) ボウルにすべての材料を入れ、ひとつまみの海塩を入れて混ぜ合わせます。

c) 混合物を丸いベーキングペーパーの上にスプーンで置き、軽く押し広げて、混合物の厚さをできるだけ均一に保ちます．

d) 180°C で 8 分間調理します。

79. デザートベーグル

4つにする

材料：

- アーモンドミール 1 カップ（100g）
- ベーキングパウダー 小さじ 1/2（2.3g）
- 細切りモッツァレラチーズ $\frac{1}{4}$ カップ（75g）
- クリームチーズ 大さじ 1（20g）
- 卵（大）1個（51g）

方向：

a) エアフライヤーを 180°C で 3 分間予熱します。

b) アーモンドミールとベーキングパウダーを混ぜ合わせます。ひとつまみの塩で味を調えます。

c) ボウルにモッツァレラチーズとクリームチーズを入れて電子レンジで 30 秒加熱する。

d) 冷ましてから卵を入れる。混ぜ合わせます。

e) アーモンドミールを加えて生地をこねます。

f) 4 等分にし、長さ 8cm のソーセージ状に丸める。

g) 両端をつまんでドーナツの形にします。

h) ベーキングペーパーの上に置きます。

i) 160°C で 10 分焼きます。

80. ブレッドプディング

サーブ：2

材料
- ラメキンにグリースを塗るための焦げ付き防止スプレー
- 砕いた食パン 2 切れ
- 白砂糖 大さじ 4
- 大きな卵 5 個
- $\frac{1}{2}$ カップのクリーム
- 塩、ひとつまみ
- シナモンパウダー 小さじ 1/3

方向
a) ボウルに卵を入れて泡立てます。
b) 卵に砂糖と塩を加えてよく泡立てる。
c) 次に生クリームを加え、ハンドビーターで全体をなじませます。
d) シナモンを加え、パン粉を加えます。
e) よく混ぜて丸型のフライパンに入れる。
f) エアフライヤーの中に入れます。
g) エアフリーモードで華氏 350 度で 8〜12 分間設定してください。
h) 炊きあがったら、お召し上がりください。

81.　ミニいちごとクリームパイ

サーブ: 2

材料
- 1箱 店で買ったパイ生地、Trader Joe's
- イチゴ 1カップ（角切り）
- 生クリーム 大さじ3
- アーモンド 大さじ2
- ブラッシング用卵白 1個

方向：
a) お店で持ってきたパイ生地を手に取り、平らにならします。
b) 丸いカッターを使用して、3インチの円にカットします。
c) パラメータの周りに卵白で生地を磨きます。
d) 生地の中央にアーモンド、いちご、生クリームをごく少量加え、その上にもう1つ円形の生地をのせます。
e) 縁をフォークで押さえて封をします。
f) 生地の真ん中に切り込みを入れてカゴに入れる。
g) エアフライモードにセットして360度10分。
h) 完了したら、サーブします。

82.　ブラジルの焼きパイナップル

サービング：4

材料

- パイナップル 1 個、皮をむき、芯を取り、槍状に切る
- ブラウンシュガー 110g
- 小さじ 2（小さじ 2） 挽いたシナモン
- 溶かしバター 大さじ 3（大さじ 3）

方向：

a) 小さなボウルにブラウンシュガーとシナモンを入れて混ぜる。

b) パイナップルの穂に溶かしバターを塗ります。槍の上にシナモンシュガーを振りかけ、軽く押してしっかりと接着させます．

c) 槍をエア フライヤー バスケットに 1 層で入れます。エアフライヤーのサイズによっては、これをバッチで行う必要がある場合があります．

d) 最初のバッチでは、フライヤーを 400°F に 10 分間設定します (エアフライヤーが予熱されるため、次のバッチでは 6 〜 8 分)。途中で、残りのバターを刷毛で塗ります。

e) パイナップルに火が通って砂糖が泡立ってきたら出来上がり。

83.　　ココナッツをまぶしたシナモンバナナ

材料

- 熟した固いバナナ 4 本
- タピオカ粉 ½ カップ
- 卵大 2 個
- 細切りココナッツフレーク 1 カップ
- 挽いたシナモン 小さじ山盛り 1 杯
- ココナッツスプレー

方向：

a) 各バナナを 3 等分に切る

b) 組立ラインを作成します。

c) 浅めのお皿にタピオカ粉を入れます。

d) 別の浅いボウルに卵を割り入れ、軽く泡立てます。

e) 3 番目の浅い皿に刻んだココナッツとすりつぶしたシナモンを混ぜ合わせます。よく混ぜます。

f) バナナにタピオカ粉をまぶし、余分な粉をはたく。

g) バナナを溶き卵に浸します。卵液で完全にコーティングされていることを確認してください。

h) バナナをシナモン ココナッツ フレークで丸め、完全にコーティングします。ココナッツフレークがバナナにくっつくようにしっかりと押します。それらを平らなトレイに保管してください。

i) エアフライヤーのバスケットにココナッツオイルをたっぷりスプレーします。

j) ココナッツをまぶしたバナナをフライヤーバスケットに並べます。ココナッツスプレーをさらにスプレーします。

k) **270F** で **12** 分間エアフライします。

l) 挽いたシナモンをふりかけ、アイスクリームを添えて温かいうちに、または室温でお召し上がりください。

84.　グルテンフリーの簡単ココナッツパイ

収量: 6-8

材料

- 卵 2 個
- 牛乳 1 1/2 カップ
- バター 1/4 カップ
- バニラエッセンス 小さじ 1 1/2
- 刻んだココナッツ 1 カップ
- モンクフルーツ 1/2 カップ
- ココナッツ粉 1/2 カップ

方向：

a) 6 インチのパイ皿に焦げ付き防止スプレーを塗り、生地を詰めます。上記と同じ手順に従います。

b) エアフライヤーで 350 度で 10 〜 12 分間調理します。

c) 調理時間の途中でパイが焦げていないことを確認し、プレートを回転させ、爪楊枝を使って焼き加減をテストします。

85. ピカプン

材料:
- バターまたはマーガリン 大さじ 1
- 溶き卵白大 1 個
- ダークコーンシロップ 1/3 カップ
- バニラ 小さじ 1/4
- 無漂白小麦粉 大さじ 2
- 小さじ 1/8 のベーキングパウダー
- ピーカンのみじん切り 1/4 カップ
- 粉砂糖

方向:

a) 15 オンスのカスタード カップで、バターまたはマーガリンを蓋をせずに、100% の出力で 30 〜 40 秒間、または溶けるまで電子レンジにかけます。
b) カスタードカップにバターを入れ、側面と底をコーティングします。
c) カスタードカップの余分なバターを溶き卵に注ぎます。
d) ダークコーンシロップとバニラを混ぜます。
e) 薄力粉とベーキングパウダーを合わせて混ぜます。
f) 小麦粉の混合物を卵の混合物にかき混ぜます。刻んだピーカンナッツをそっと入れます。
g) バターを塗った 15 オンスのカスタードカップにピーカンの混合物を注ぎます. 50% の電力で 3 〜 4 分間、またはペカンの混合物がちょうど固まるまで、カバーを外した電子レンジで、カスタード カップを 1 分ごとに半回転させます。
h) 粉砂糖を少しふるいにかけます。お好みで生クリームを添えて温めてお召し上がりください。

86. コーヒーリキュールムース

材料：
- 卵 4 個
- コーヒーリキュール 1/4 c
- メープルシロップ 1/4 c
- 1/8 c コニャック
- 水 1c
- ホイップクリーム 1c

方向：

a) ブレンダーまたは電動泡だて器で、卵黄、メープルシロップ、水を混ぜ合わせます。鍋に移して沸騰させます。火からおろし、コーヒーリキュールとコニャックを加える。チル。
b) 生クリームと卵白をやわらかいツノが立つまで泡立てる。
c) 冷やしたリキュール混合物に慎重に混ぜます。
d) デミタスグラスにスプーンで入れ、2時間冷やします。

87.　　ピーチクルデザート

材料:
- 2 c 桃; スライスした、皮をむいた
- 2 c ラズベリー
- 砂糖 3/4 c
- 水 大さじ 2
- アイスクリーム; バニラ

方向:

a) 鍋に、桃、ラズベリー、砂糖、水を入れて沸騰させます。
b) 火を弱めて 5 分煮る。
c) 必要に応じて冷やす。
d) アイスクリームにかけてお召し上がりください。

88. フローズンシナモンナッツヨーグルト

材料:
- バニラヨーグルト 4c
- 砂糖 1c
- 小さじ 1/2 シナモン
- 塩
- ホイップクリーム 1c
- バニラ 小さじ 1
- 1c クルミ片

方向:

a) ボウルにヨーグルト、砂糖、シナモン、塩を入れてよく混ぜる。ホイップクリームとバニラを混ぜます。ナッツを加える。

b) カバーして 30 分間冷蔵します。

c) 製造元の指示に従って凍結します。

89. 5分間ファッジ

材料：
- エバミルク 2/3 カップ
- 砂糖 1-2/3 カップ
- 小さじ 1/2 の塩
- マシュマロ 1-1/2 カップ (ミニチュアが最適)
- 1-1/2 カップのチョコレートチップ（セミスイート）
- バニラ 小さじ 1

方向：

a) 鍋に牛乳、砂糖、塩を入れて中火にかけます。
b) 沸騰させ、絶えずかき混ぜながら 4〜5 分間調理します（混合物が鍋の角の周りで「泡立ち」始めたときにタイミングを開始します）. 暑さから削除。マシュマロ、チョコレート チップ、バニラを追加します。1 分間（またはマシュマロが完全に溶けて混ざるまで）激しくかき混ぜます。バターを塗った 8 インチ四方の鍋に注ぎます。鍋の中でこぼれたり、はねたりしなくなるまで冷まします。
c) ナッツは好きですか？フライパンに注ぐ前に、刻んだナッツを 1/2 カップ加えます。

90. アーモンドクラスト

材料：

- 1c。挽いたアーモンド
- 1c。エンバク粉
- 小さじ 1/2 の塩
- 1/4c。水またはジュース

方向：

a) ブレンダーでアーモンドとオート麦を細かくなるまで挽くか、オート麦とアーモンドをフードプロセッサーで挽き、プロセッサーが動いている間に塩と水を加えます。塩を加えてよく混ぜます。水を加える。よく混ぜます。パイパンに押し込むか、2 枚のワックスペーパーの間でめん棒で伸ばします。

b) 350°で 15 分間焼きます。収量: 1 パイクラスト.

91. アップルファンタジーデザート

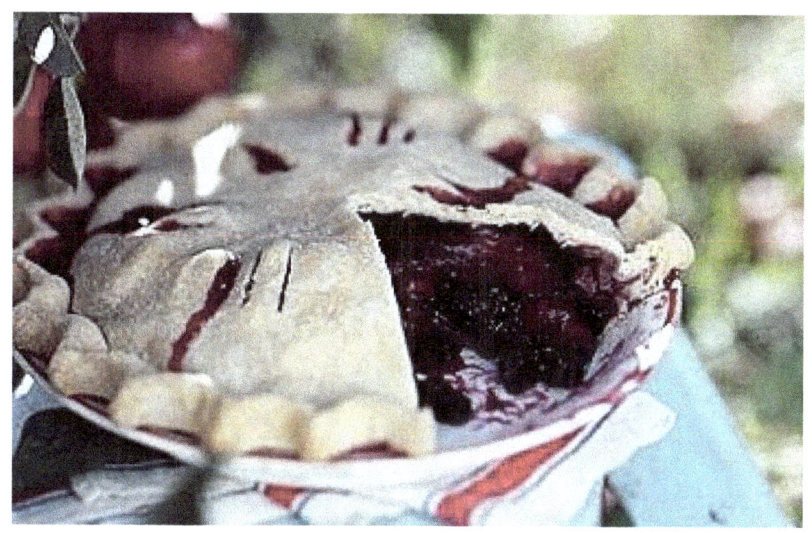

材料：

- 2/3c。小麦粉
- 小さじ 3 杯のベーキングパウダー
- 小さじ 1/2 の塩
- 卵 2 個
- 1c。グラニュー糖
- 1/2c。黒砂糖
- バニラまたはラムまたはバーボン 小さじ 3
- 3c。さいの目に切ったリンゴ

方向：

a) 卵をほぐし、砂糖とバニラを加えてよくかき混ぜます。乾燥成分を加えて混ぜます。りんごを入れて、均一になるまでかき混ぜます。深めのベーキングディッシュまたはスフレディッシュに入れます。

b) 350°Cで 45 分焼きます。温かいうちにお召し上がりください。

92. アボカドアイス

材料：

- アボカド
- レモン汁
- 1 缶 (14 オンス / 400ml) 全脂肪ココナッツ ミルク
- 1 カップ / 100g メープルシロップやアガベシロップなどの液体甘味料

方向：

a) ココナッツミルクの缶を一晩冷蔵庫に入れます。

b) アボカドを半分に切り、種を取り除き、アボカドの果肉をスプーンで取り出します。

c) アボカドの果肉をレモン汁と一緒にフードプロセッサーに入れ、滑らかなアボカドクリームになるまで攪拌します。

d) ココナッツミルク缶を逆さにして開けます（ハードクリームが上になるように）。

e) ココナッツウォーターに当たるまでココナッツクリームをスプーンで出します

f) ボウルにココナッツクリームを入れて、柔らかくて美味しいココナッツホイップクリームになるまで泡立てます。アボカドクリームとライスシロップを加え、なじむまで混ぜる。

g) 冷凍庫対応の皿にアイスクリームを入れます。

h) 冷凍庫に少なくとも 4 時間入れます。

i) 4 時間経ってもスプーンで出しにくい場合は、室温に 1〜2 分置いてください。楽しみ！

93. バナクリームパイ

材料：
- 3c。豆乳 (58)
- 1/2c。蜂蜜
- 1/2c。生カシューナッツ
- 小さじ 1/4 の塩
- 1/3c。コーンスターチ
- バニラ 小さじ 2
- 1/3c。日付をピットイン
- スライスしたバナナ 2〜3 本

方向：

a) バナナ以外のすべての材料を液化します。鍋に注ぎ、とろみがつくまで中火で調理し、絶えずかき混ぜます。「カスタード」混合物の薄い層を焼いたパイシェルまたはグラノーラの層に注ぎ、スライスしたバナナの層を追加します.

b) 繰り返し、残りのカスタードを加え、スライスアーモンドを飾ります。一晩冷やし、冷やしてお召し上がりください。

94. ベリーフル

材料

- 1 (12 オンス) パッケージの冷凍ラズベリーまたはストロベリー (シロップに入っていないもの) を解凍したもの
- 1/4 カップと大さじ 1 の砂糖を分けたもの
- 1 カップの重いホイップクリーム

方向

a) ブレンダーまたはフードプロセッサーで、ラズベリーまたはイチゴと 1/4 カップの砂糖を混ぜ合わせます。ベリーがピューレになるまで処理し、必要に応じて側面をこすり落とします。

b) 大きめのボウルで、生クリームをミキサーでやわらかいツノが立つまで泡立てる。残りの砂糖大さじ 1 を加え、角が立つまで泡立てる。

c) ゴムべらを使ってラズベリーピューレをそっと混ぜ、白いホイップクリームを少し残します。4 つの個別のパフェグラスにスプーンで入れます。2 時間冷やしてからお召し上がりください。

95.　ベリティラミス

材料

- 淹れたてのコーヒー 1 1/2 カップ
- サンブーカ 大さじ 2
- グラニュー糖 大さじ 1
- 1 ポンドコンテナのマスカルポーネチーズ
- 生クリーム 1/4 カップ
- 砂糖 大さじ 2
- レディーフィンガークッキー
- ココアパウダー
- ミックスベリー 2 カップ

方向

a) 浅いボウルに、淹れたてのコーヒー1 と 1/2 カップ、サンブーカ大さじ 2、グラニュー糖大さじ 1 を砂糖が溶けるまで泡だて器で混ぜます。

b) 別のボウルに、1 ポンド容器のマスカルポーネチーズ 1 個、生クリーム 1/4 カップ、砂糖大さじ 2 を混ぜ合わせます。

c) 8 インチ四方のグラタン皿の底を覆うのに十分な数のレディーフィンガー クッキーを使用し、レディーフィンガーをコーヒーの混合物に浸し、パンの底に均等に並べます。

d) マスカルポーネ液の半分を上に広げます。2 つのレイヤーを繰り返します。ココアパウダーとミックスベリー 2 カップをふりかけます。ティラミスを冷蔵庫で最低 2 時間から最大 2 日間冷やします。

96. バターラムキャラメル

材料

- グリース用植物油
- ライトブラウンシュガー 2 カップ（14 オンス）
- 生クリーム 1 カップ
- 無塩バター 1/2 スティック（1/4 カップ）
- 小さじ 1/4 の塩
- ダークラム 1/4 カップと小さじ 1 杯
- バニラ 小さじ 1/4
- 特別な設備: 羊皮紙; キャンディーまたはディープファット温度計

方向：

a) 8 インチ四方の天板の底と側面にパーチメント紙とオイルパーチメントを敷きます。

b) ブラウン シュガー、クリーム、バター、塩、ラム酒 1/4 カップを 3 ～ 4 クォートの厚手の鍋に入れ、バターが溶けるまでかき混ぜながら沸騰させます。次に、温度計が 248° を記録するまで、頻繁にかき混ぜながら中火で沸騰させます。F（堅球ステージ）、約 15 分。火からおろし、バニラと残りのティースプーン 1 杯のラム酒を入れてかき混ぜます。ベーキングパンに注ぎ、固まるまで 1～2 時間完全に冷ます．

c) キャラメルをまな板の上にひっくり返し、羊皮紙を捨て、キャラメルの光沢のある面を上にします。1 インチの正方形にカットします。

97. 砂糖漬けシトラスピール

材料:

- レモン4個、オレンジ3個、またはグレープフルーツ2個の皮
- 砂糖1カップ
- 水1/3カップ

方向

a) 最初にゼストを1クォートの水で6分間煮込みます。排水し、冷水ですすぎ、取っておきます。砂糖と水を沸騰させます。

b) 砂糖が溶けたら、鍋に蓋をして、シロップの最後の一滴が金属製のスプーンの端から落ちて糸状になるまで、数分間煮ます。火からおろし、皮をかき混ぜ、1時間浸します。

c) すぐに使用するか、冷蔵庫でカバーして保管してください。

98. カルダモンとココナッツのパンナコッタ

材料

- 無糖ココナッツフレーク 1 カップ
- 生クリーム 3 カップ
- バターミルク 1 カップ
- 緑のカルダモンのさや 4 個、軽く砕いたコーシャ塩をひとつまみ
- 粉ゼラチン 小さじ 2
- 水 大さじ 1
- グラニュー糖 1/3 カップ
- ティースプーンローズウォーター

方向

a) オーブンを 350° に予熱します。ココナッツを天板に広げてオーブンに入れます。トーストして黄金色になるまで約 5 分間焼きます。オーブンから取り出し、脇に置きます。

b) 中強火にかけた鍋に生クリーム、バターミルク、カルダモン、塩を入れて沸騰させます。鍋を火から下ろし、トーストしたココナッツを加え、1 時間置いておきます。細かいメッシュのふるいで混合物をこし、固形物を捨てます。

c) 中くらいのボウルにゼラチンと水を入れて混ぜます。5 分間放置します。

d) その間に鍋を中火に戻し、砂糖を加えて砂糖が溶けるまで 1 分ほど煮る。濾したクリーム混合物を慎重にゼラチン混合物に注ぎ、ゼラチンが溶けるまで泡立てます。バラの水を泡立てて、混合物を 8 つの 4 オンスのラメキンに分けます。冷蔵庫に入れ、固まるまで冷やす（少なくとも 2 時間から一晩）

e) 砂糖漬けのバラの花びらを作る：天板に羊皮紙を敷きます。小さなボウルに砂糖とカルダモンを入れて混ぜる。ペストリーブラシを使用して、各バラの花びらの両面に卵白を塗り、慎重に砂糖を浸します。羊皮紙の上で完全に乾くまで置いておきます

f) パンナコッタを冷やしてサーブし、それぞれにバラの花びらを添えます。

99.　チョコクリームブリュレ

材料:

- バター 大さじ1
- 生クリーム 3カップ
- 砂糖 1 1/2カップ
- チコリコーヒー 1カップ
- 卵黄 8個
- 粗糖 1カップ
- 小さなショートブレッドクッキー 20個

方向

a) オーブンを華氏275度に予熱します。10 (4オンス) のラメキンにグリースを塗ります。鍋に生クリーム、砂糖、コーヒーを入れて中火にかけます。

b) 滑らかになるまで泡立てます。小さなミキシングボウルで、卵を滑らかになるまで泡立てます。卵黄をホットクリーム混合物にテンパリングします。火から下ろして冷ます。個々のラメキンにひしゃく。ラメキンをベーキングディッシュに入れます。

c) ラメキンの半分まで水を入れます。オーブンの一番下のラックに置き、中心が固まるまで約45分から1時間調理します。

d) オーブンと水から取り出します。完全に冷ます。

e) 冷めるまで冷やします。上から砂糖をまぶし、余分な粉をはたき落とします。ハンドブロートーチを使用して、上に砂糖をキャラメリゼします。クリームブリュレにショートブレッドクッキーを添えて。

100. ミントチョコレートフォンデュ

材料:
- 生クリーム 1/2 カップ
- ペパーミントリキュール 大さじ 2
- 8 オンスのセミスイートチョコレート

方向

a) 生クリームを中弱火で温める
b) リキュールを加える
c) チョコレートをすりおろすか、細かく砕き、かき混ぜながらゆっくりと加えます
d) チョコレートが溶けるまでかき混ぜます

結論

タンパク質と脂肪は、体内のすべての重要な構造を支える基本的な多量栄養素です。店の棚から完璧なデザートを掘り出すのは大変です。お気に入りの食材を使用しながら、同時に栄養と健康に配慮したデザートを簡単に見つけることはできません。

あなたがこれらの退廃的なグッズのファンであるが、防腐剤と過度の砂糖を自分で食べるのが怖いなら、この料理本はあなたの罪悪感のない頼りになる．タンパク質が豊富なレシピから脂肪が豊富なレシピまで、飽きることはありません。

www.ingramcontent.com/pod-product-compliance
Lightning Source LLC
Chambersburg PA
CBHW071606080526
44588CB00010B/1036